世界中どこでも通じる

すぐに使える英会話

ミニフレーズ 2500

宮野智靖
Miyano Tomoyasu

ミゲル・E・コーティ
Miguel E. Corti

Jリサーチ出版

はじめに

2500フレーズ以上を収録、あいさつからビジネス表現まで充実の一冊

　本書は、英語の会話フレーズを2500以上収録した「日常英会話」の決定版です。海外滞在中や海外旅行中に必要な表現、また日本においても外国人と話をするのに便利な表現を網羅しています。

　表現は基本的なものから本格的なものまでバランスに配慮して組み込んでいますので、初級者から中級者、さらには上級者までレベルに応じて使用することができます。

　本書には主に5つの大きな特長があります。

①英文はすべてネイティブが厳選した実用表現

　本書の英文はすべて映画や日常生活でネイティブが実際に使っている生きた英語です。自然な正しい英語を安心して学ぶことができます。

②すぐに使えるフレーズを2500以上収録

　あいさつから日常生活、食事、ショッピング、旅行、観光、スポーツ、電話、ビジネス、医療、感情表現、日本紹介など15の章で構成され、最も頻繁(ひんぱん)に用いられる便利な英会話フレーズを2500以上紹介しています。

③例文は記憶に残りやすい短さ。覚えが早い

　短いフレーズ・短い例文が中心なので、すぐに覚えて、すぐに使えます。また、アメリカ英語に偏(かたよ)ることなく、どこの英語圏においても使える国際英語を身につけることができます。英話は実際に使ってこそ身に

つくものです。覚えたフレーズはできるだけその日のうちに使ってみましょう。

④英語のセンスと応用力が身につく

　英会話フレーズはまる覚えする必要のあるものが多いのですが、同じことを口にするにも複数の表現のしかたがあることにお気づきでしょう。そのため、本書では部分的にあえて複数の英文を紹介し、同じことを言うにも別の言い方が可能であるかどうかを、しっかり学んでいけるよう工夫してあります。さらに、固有名詞、代名詞、時制などを自由に変化させ、読者のみなさんのオリジナル会話文を作る練習も行うとより効果的です。

⑤ CDを最大限に活用しよう

　CD2枚に見出しフレーズすべてを収録しています。ネイティブの正しい発音をCDで聞きながら、自分でも声に出しながら繰り返し読んでみましょう。発音練習を繰り返すうちに、正しい発音が身につくと同時に、耳（リスニング力）も鋭くなり、本書のフレーズをどんどん覚えていくことができます。

　本書のフレーズは「すぐに使える」がモットーです。本書を利用していただき、英語を使ったビジネス、旅行、英語圏での暮らしをぜひ実りあるものにしていただけることを切に願っています。

著者

Contents

はじめに……2
目次……4
本書の利用法……8

第1章　あいさつ・自己紹介編　9

1. あいさつ……10
- あいさつの基本　10　　■ 別れるとき　11　　■ 初対面のあいさつ　12
- 久しぶりに会ったとき　13　　■ 近況を話す　15　　■ 偶然に会ったとき　17
- 近所の人とのあいさつ　18　　■ 待ち合わせる　20

2. 自己紹介……22
- 名前について　22　　■ 年齢について　23　　■ 出身地について　24　　■ 居住地について　26
- 出身校について　27　　■ 趣味について　29　　■ 得意なことについて　30
- 家族について　31　　■ 子どもについて　32　　■ プライベートについて　34　　■ 職業について　35

第2章　日常生活編　37

1. 生活の会話……38
- 朝　38　　■ 夜　40　　■ 家庭での食事　42　　■ 食後の片付け　44　　■ 洗濯　45　　■ 掃除　46

2. 家族・友人との会話……48
- 家族で出かける　48　　■ 自宅に招待する　50　　■ 最近の出来事について　55

3. 時間と天気……57
- 月日・曜日・時間　57　　■ 天気　60

4. 子どもとの会話……63
- 自分の子どもとの会話　63　　■ 小・中・高生との会話　64　　■ 大学生との会話　65
- 便利な日常会話表現　68

5. パソコン……72
- パソコンを買う　72　　■ パソコンを使う　72

6. 銀行・郵便局……76
- 銀行にて　76　　■ 郵便局にて　77

7. 美容院・理髪店……79
- カットをしてもらう　79　　■ パーマをしてもらう　80　　■ 髪を染めてもらう　80

第3章　食事・喫茶編　81

1. レストラン……82
- 予約する　82　　■ 注文する　83　　■ 料理について　87　　■ 追加注文　89
- 催促する・依頼する・苦情を言う　90　　■ 持ち帰り　93　　■ 勘定　93

2. 食事会……95
- 飲みに行く　95　　■ カラオケ　96　　■ 同窓会　97

3. 喫茶店・ファーストフード ... 100
- 喫茶店で 100　■ ファーストフード店で 102

第4章　ショッピング編　105

1. 服を探す・決める ... 106
- 売り場を探す 106　■ 他の店を見てくる 107　■ 商品を探す 108
- 素材について 109　■ サイズ・色について 110　■ 値段について 112
- 商品についての感想 113　■ 試着する 114　■ オーダーメイドする 115

2. いろんな商品を購入する ... 117
- 代金の支払い 117　■ 返品・交換・配達 117

3. 食品の買い物をする ... 121
- スーパーに行く 121

第5章　空港・機内・ホテル編　125

1. 出発する空港で ... 126
- 搭乗手続き 126　■ セキュリティー検査 129　■ 免税店 129　■ 搭乗する 130

2. 飛行機 ... 132
- 機内での会話 132　■ 機内食 136

3. 到着した空港で ... 139
- 入国審査 139　■ 税関申告 140　■ 荷物を受け取る 141

4. ホテル ... 144
- ホテルに向かう 144　■ ホテルのチェックイン・チェックアウト 146
- ホテルの食事 149　■ ホテルの設備・サービス 150　■ 部屋で受けるサービス 152

第6章　交通編　155

1. 航空券を確保する ... 156
- 航空券を買う 156　■ フライトの予約再確認をする 156

2. 電車・バスに乗る ... 159
- 電車・バスの切符を買う 159　■ 行き先を確かめる 161

3. タクシーを利用する ... 163
- タクシーに乗る 163　■ 乗車中のトラブル 164

第7章　観光・レジャー編　167

1. 地図と道順 ... 168
- 地図を入手する 168　■ 行き先を聞く 168

2. 観光する ... 171
- ツアーに参加する 171　■ 日本語のガイド 173　■ 写真を撮る 173
- 遺失・盗難 174

Contents

3. レジャー ... 177
- アウトドアを楽しむ 177
- 美術館・博物館に行く 178
- 映画・演劇・コンサートに行く 179
- 入場券を購入する 180

4. お金と両替 ... 181
- お金の両替 181

第8章　スポーツ編　185

1. スポーツを観戦する ... 186
- 好きなスポーツについて 186
- スポーツ観戦中の会話 187

2. スポーツを楽しむ ... 189
- 人をスポーツに誘う 189
- スポーツについての歓談 189

第9章　電話編　191

1. 電話をかける・受ける ... 192
- 基本表現 192
- 相手を呼び出す（一般）193
- 相手を呼び出す（ビジネス）194
- 都合の悪い電話をかける（一般・ビジネス）196
- 電話を受ける（ビジネス）197
- 本人に取り次ぐ（ビジネス）198

2. 応対と伝言 ... 200
- 本人が出られないとき（一般）200
- 本人が出られないとき（ビジネス）201
- 伝言をお願いする（一般・ビジネス）203
- 間違い電話・迷惑電話 204

3. 電話でのやりとり ... 206
- アポイントを取る（一般・ビジネス）206
- 日程の調整・変更（一般・ビジネス）207
- 確認・説明を求める（一般・ビジネス）209
- 同意する・受け入れる（一般・ビジネス）211
- 断る（一般・ビジネス）212
- すぐに連絡を取りたい（一般・ビジネス）213

4. 電話を終える ... 215
- 電話を終える（一般・ビジネス）215
- 電話を途中で切り上げる（一般・ビジネス）215
- 電話の決まり文句 216

第10章　ビジネス編　221

1. 取引先に会う ... 222
- 会社を訪問する 222
- 担当者に会う 223
- 自己紹介 224
- 自社の紹介 226
- 自社商品の紹介 228

2. 注文とアフターケア ... 230
- 商品の発注・受注 230
- クレームと対応 232

3. 会社の業務 ... 234
- 社内でのあいさつ 234
- 許可を求める・依頼する 235
- 書類業務 236
- 報告・連絡 237
- 会議（司会・進行役）240
- 商談・交渉 246
- 残業・休暇 249
- 求職・面接 250
- ビジネスの決まり文句 253

第11章　男女交際編　259

1. 恋愛と恋人 — 260
- 独身 260　■ 結婚相手の紹介 261　■ 馴れ初め 262　■ デートの誘い 263
- 告白 263　■ 失恋 264　■ 失恋の慰め 264　■ セクシャルハラスメント 265

2. 結婚と夫婦 — 266
- プロポーズ 266　■ 結婚式・披露宴で 266　■ 結婚 267　■ 夫婦 268
- 浮気・離婚 269

第12章　医療・保健編　271

1. 病院に行く — 272
- 不調を訴える 272　■ 医師との会話 273　■ 医師の診断 276　■ 支払い 278
- お見舞い 279

2. 薬局とマッサージ — 282
- 薬局に行く 282　■ マッサージに行く 285

第13章　感情表現編　287

1. 感謝する・褒める・願う・励ます — 288
- 感謝 288　■ おめでたい 288　■ 嬉しい 289　■ 感動する 290
- 満足する 291　■ うらやましい 291　■ 褒める 291　■ 願う 292　■ 励ます 292
- 安心する・リラックスする 293

2. 詫びる・赦す・慰める・怒る — 294
- 緊張する 294　■ 詫びる 294　■ 赦す 295　■ 悲しみ・落胆 295　■ お悔やみ 296
- 慰める 297　■ 怒る 297　■ 文句・クレーム 299　■ 疲れる 300

第14章　時候のあいさつ・季節のイベント編　301

1. 時候のあいさつ — 302
- おめでたいあいさつ 302

2. 季節のイベント — 303
- 1月〜6月まで 303　■ 7月〜12月まで 304

第15章　日本紹介編　307

1. 日本観光 — 308
- 観光を楽しむ 308　■ 和食を楽しむ 309

2. 日本の概略について — 312
- 地理について 312　■ 社会・生活について 313

日本語逆引き索引 — 318

[単語コラム]
- 職業名 36　■ 月名とその略称 59　■ 天気関連 62　■ 学問・学術名 67
- 食品名 124　■ 空港関連① 131　■ 航空関連 138　■ 空港関連② 143
- ホテル関連 154　■ 交通関連 166　■ 通信関連 220　■ ビジネス語彙 258
- 症状・病名 281　■ 身体 284　■ 寿司ネタ 311

本書の使い方

本書は、基本的なあいさつから、日常表現、旅行表現、電話やビジネスでよく使う表現までを網羅しています。会話フレーズの数は 2500 以上あり、そのすべてをネイティブが実際によく使われるものに厳選し、掲載しています。全フレーズを CD2 枚に収録していますので、耳からも発音をしっかり確認することができます。

■ 会話フレーズのページ

第 1 ～ 15 章に収録した会話フレーズは、次のような紙面構成になっています。

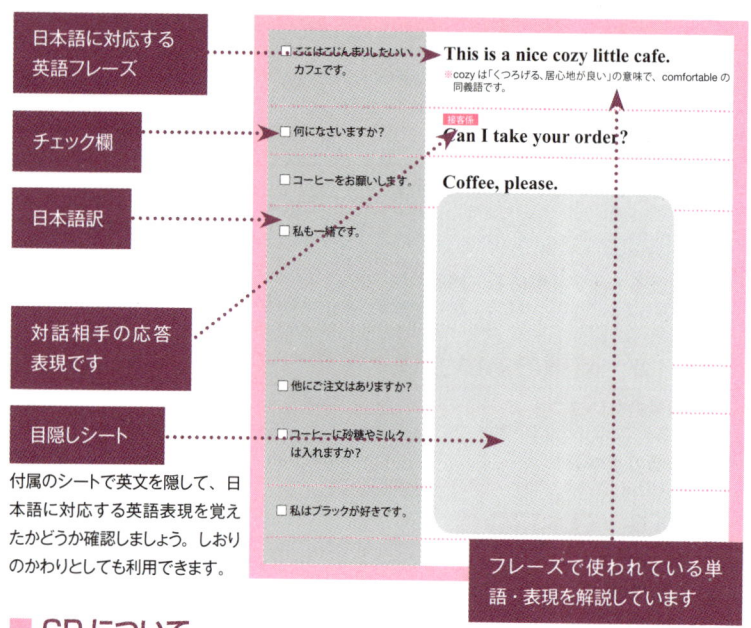

日本語に対応する英語フレーズ

チェック欄

日本語訳

対話相手の応答表現です

目隠しシート
付属のシートで英文を隠して、日本語に対応する英語表現を覚えたかどうか確認しましょう。しおりのかわりとしても利用できます。

フレーズで使われている単語・表現を解説しています

■ CD について

CD にはすべてのフレーズ（チェック欄のある英語フレーズ）を収録しています。
CD のトラックは各章の小見出しごとに区切られています。
使いたいフレーズを見つけたら、CD で音声を確認してみましょう。正しく、なめらかな発音で、自信を持って自分の気持ちを伝えられるようになります。

第 1 章

あいさつ・自己紹介編

コミュニケーションの基本はあいさつです。この章では日常のあいさつ、初対面のあいさつのほか、質問をしたり、近況を話したりするときによく使うフレーズをまとめて紹介します。自己紹介は、名前、年齢、出身地、職業、趣味など項目別に活用できるフレーズを集めました。

1 あいさつ

あいさつと日常表現は決まった言い方を覚え、どんどん使ってみることが大切です。

あいさつの基本

Disc 1) 2

□ こんにちは。

Hi.

Hello.
※Good morning.（おはようございます）、Good afternoon.（こんにちは）、Good evening.（こんばんは）は、朝・昼・晩の区別がありますが、Hi. と Hello. は 1 日中いつでも使うことができます。

□ お元気ですか？

How are you?

How are you doing?

□ 調子はどうですか？

How's it going?

How's everything?
※どちらも親しい人に使うカジュアルな表現です。

□ 元気です、ありがとう。

I'm fine, thank you.

I'm doing fine, thank you.

□ ありがとうございます。

Thank you.

Thank you very much.
※丁寧な言い方です。

Thanks.
※カジュアルな言い方です。

□ どういたしまして。	**You're welcome.**
	My pleasure.
	Sure, no problem. ※単に Sure. あるいは No problem. と言っても OK です。
□ すみません。	**I'm sorry.** ※I'm sorry. は謝罪の表現です。単に Sorry. と言っても OK です。
	Excuse me. ※Excuse me. は「失礼ですが／すみませんが」と話しかけるときに使います。
□ ご迷惑をおかけしました。	**Sorry for the trouble.**
	Sorry for the inconvenience.

別れるとき　　Disc 1 〉 3

□ さようなら。	**Bye.**
	Good-bye.
□ じゃあね。	**See you later.**
□ 無理しないでね。	**Take care.**
	Take it easy. ※Take care. と Take it easy はどちらも、別れの挨拶や電話を切るときの挨拶として、「じゃあね／またね」に相当するフレーズとしても使えます。
	Don't work too hard.

第1章 あいさつ・自己紹介編

□体に気をつけてくださいね。	**Please take care of yourself.**	

※「お大事に」に相当するフレーズとしても使えます。careの前に good を入れることもあります。

初対面のあいさつ　　Disc 1 / 4

□友人を紹介します。

Let me introduce my friend to you.

I'd like to introduce my friend to you.

□こちらはジョンさんです。

This is John.

□はじめまして。

How do you do?
※少し堅い感じもしますが、よく使われます。

Nice to meet you.

Glad to meet you.
※どちらも文頭に I'm が省略されています。「お会いできてうれしいです」にも相当するフレーズです。

□お会いできて光栄です。

It's a pleasure to meet you.

I'm delighted to meet you.

□こちらこそ。

The pleasure is mine.
※all を付けて、The pleasure is all mine. とも言います。

The feeling is mutual.
※元々の意味は「お互いの気持ちは共通するものですよ」です。

□ おうわさはかねがねうかがっております。	**I've heard a lot about you.**
□ よいうわさだけだったらよいのですが。	**Only good things, I hope.**
□ 以前お会いしたことはありますか？	**Have we ever met before?** ※ever は省略しても構いません。
□ どこかでお会いしたと思います。	**I think I've met you somewhere before.** ※I've met you の代わりに、we've met と言っても OK です。

久しぶりに会ったとき　　　Disc 1 ▶ 5

□ 久しぶりですね。	**I haven't seen you for a long time.** **I haven't seen you for a while.** **I haven't seen you for ages.** ※for ages は「ずいぶんと長い間」の意味です。 **It's been a long time.** **It's been a while.** **Long time no see.** ※かなりくだけた表現ですが、よく使われます。
□ 最後に会ってからのどのくらいになりますか？	**How long has it been since we met last?** ※since we met last は、since we last met とも言います。

第1章 あいさつ・自己紹介編

13

□ もう3年近くたちますよ。	It's been almost three years.
□ 最後に会ったのはいつでした？	When was the last time I saw you? When did I see you last?
□ おそらく2年か3年前ですよね。	Maybe two or three years ago.
□ 時間のたつのは早いですね。	Time flies, doesn't it? ※Time flies. は「光陰矢の如し」という諺にも相当します。
□ どうしてました？	How've you been?
□ 元気でしたよ。	I've been good. I've been just fine.
□ あなたの方は？	And you? How about you?
□ まあまあですね。	I'm doing okay. Not too bad, I guess. ※日本人が好んで使う So-so.（まあまあ）には、「それほどよくはない」という消極的なニュアンスがあるので、あまり使わない方がよいでしょう。

近況を話す　　　　　　　　　　　　　　　　　　　　Disc 1　6

□ご家族はお元気ですか？	How's your family? Is your family okay?
□ご両親はお元気ですか？	How are your parents doing? How are your folks?
□元気ですよ。	They are just fine. They are doing great.
□ご両親によろしくお伝えください。	Please say hello to your parents for me. ※say hello の部分は、少しくだけて say hi と言うこともあります。 Please give my best regards to your parents. ※regards の代わりに、wishes を使うこともできます。
□お元気そうですね。	You look good. You're looking great.
□ちっとも変わってませんね。	You haven't changed at all. You haven't changed a bit.

第1章 あいさつ・自己紹介編

☐ 以前よりも若く見えますよ。	**You look younger than before.**
☐ ますますきれいになりましたね。	**You're more beautiful than ever.**
☐ そう言ってもらえて嬉しいです。	**Thank you for saying that.** **It's sweet of you to say that.** **That's nice of you to say.** **How nice of you to say that.**
☐ ちょっと太りました。	**I gained some weight.** ※gained の代わりに、put on を使っても OK です。
☐ ちょっと痩せました。	**I lost some weight.** ※「体重が減る」は lose weight と言います。
☐ 仕事の調子はどうですか？	**How's business?** **How's your business going?** ※going の代わりに、doing を使っても OK です。
☐ うまくいっています。	**It's going well.**
☐ 相変わらずです。	**Still the same.** **Same as usual.** ※Same as always. とも言います。

☐ なかなかうまくいきません。	It's not going well.

偶然に会ったとき　　　Disc 1 ｜ 7

☐ アンダーソンさんじゃありませんか？	Oh, Mr. Anderson, isn't that you? Why, it's Mr. Anderson!
☐ もしかしてベルさんじゃないですか？	Are you Mr. Bell by any chance? ※by any chance は「ひょっとして」の意味です。
☐ 私のことを覚えていますか？ ヒロコです。	Do you remember me? I'm Hiroko.
☐ こんなところでお会いするなんて奇遇ですね。	Fancy meeting you here!
☐ よりによってこんな所であなたに会うとは！	Of all places to meet you!
☐ 世の中狭いものです。	What a small world! It's a small world.
☐ 信じられません。	I can't believe it.
☐ ここで何をしているのですか？	What are you doing here?

第1章　あいさつ・自己紹介編

☐ こんなところで何をしているのですか？	What are you doing in this part of town?
☐ 友達を待っています。	I'm waiting for my friend.
☐ ちょっと買い物をしています。	I'm doing some shopping.
☐ ご結婚なさったそうですね。	I heard you got married.
☐ 転職なさったそうですね。	I heard you changed jobs.
☐ 引っ越しされたと聞きましたが。	I heard you moved.
☐ やっと新しい家を購入しました。	We finally bought a new house.
☐ いつか遊びに来てください。	Please come visit us sometime.

近所の人とのあいさつ　　Disc 1 8

☐ いい天気ですね。	Nice day, isn't it? Beautiful day, isn't it?
☐ 寒いですね。	Cold, isn't it?

□とても蒸し暑いですね。	**It's very muggy, isn't it?** ※muggy（蒸し暑い）は、hot and humid の意味です。	
□この暑さはこたえますよ。	**This hot weather is hard on me.**	
□どこにお出かけですか？	**Where are you going?** **Where are you headed?** **Where are you off to?**	
□今から仕事です。	**I'm going to work now.**	
□ジョギングに出かけるところです。	**I'm going jogging now.**	
□今日はお休みですか？	**Are you off today?**	
□今週は3日間休みを取っています。	**I'm taking three days off this week.**	
□お宅の庭はすてきですね。	**Your garden looks fantastic.**	
□午前中に芝刈りしたばかりです。	**I just mowed the lawn this morning.** ※「芝生を刈る」は mow the lawn と言います。	

第1章 あいさつ・自己紹介編

待ち合わせる

Disc 1　9

□お待たせしましたか？	Have I kept you waiting? Have you been waiting long?
□いいえ、私もいま着いたばかりですから。	No, I've just arrived here myself.
□ほんの 10 分くらいです。	Only ten minutes or so.
□お待たせして申し訳ありませんでした。	I'm sorry to have kept you waiting. ※「長い間お待たせして」であれば、waiting の後に for a long time を付ければ OK です。
□待たせてたら、ごめんなさい。	I'm sorry if I kept you waiting.
□大丈夫ですよ。	Don't worry. That's okay. That's all right.
□遅くなってすみません。	I'm sorry I'm late.
□遅すぎるじゃない！	You are too late!

□ なんでこんなに遅れたの？	**Why are you so late?** **What took you so long?**
□ ごめん、寝坊しちゃって。	**Sorry, I overslept.** ※overslept は oversleep（寝坊する）の過去形です。
□ 電車が遅れたのです。	**The train was late.**
□ 電車を乗り過ごしたのです。	**I missed my stop.**
□ 渋滞に巻き込まれたのです。	**I was caught in a traffic jam.** **I was stuck in traffic.**
□ それなら携帯に電話くらいしてよ。	**Then you should have at least called my cellphone.**

第1章 あいさつ・自己紹介編

2 自己紹介

ここで紹介するフレーズを使って、自分の自己紹介をスラスラできるようにしておきましょう

名前について　　Disc 1　10

☐ お名前は何とおっしゃいますか?

May I have your name?
※What's your name? は少しぶっきらぼうな感じがするので初対面の人には適しません。

☐ ピーター・クックと言います。

I'm Peter Cook.
※自分の名前はゆっくりと分かりやすく、相手に伝えましょう。

☐ 何とお呼びすればよろしいですか?

What should I call you?

☐ ピーターでいいですよ。

Just call me Peter.

☐ お名前は何とおっしゃいましたっけ?

What was your name again?
※相手の名前を忘れてしまったときに使うフレーズです。

☐ もう一度お名前を伺えますか?

May I have your name again, please?
※May の代わりに、Could を使っても OK です。

☐ 池田ヒロシです。ヒロと呼んで下さい。

I'm Hiroshi Ikeda. Please call me Hiro.

年齢について

Disc 1 — 11

□お歳を聞いてもよろしいですか？	May I ask how old you are? Do you mind if I ask you how old you are? ※相手の歳を聞きづらい場合には、あえて聞かない方が無難です。特に女性の歳を聞くことはやめましょう。
□今46歳ですが、来月47歳になります。	I'm 46 now, but will turn 47 next month.
□何年生まれですか？	In what year were you born? ※文頭のInをとって、What year were you born? と言ってもOKです。
□1965年生まれです。	I was born in 1965.
□誕生日はいつですか？	When is your birthday?
□2月20日です。	It's February 20.
□私の誕生日はその次の日ですよ。	My birthday is the next day.
□私はあなたよりも3歳年上です。	I'm three years older than you.

第1章 あいさつ・自己紹介編

☐ 年齢よりずっと若く見えますね。	You look much younger than you are.
☐ 同い年です。	You are the same age as me. You are the same age as I am. ※文法的には as me よりも as I am の方が正しいですが、会話ではどちらも使われます。 We are the same age.

出身地について　　Disc 1　12

☐ ご出身はどちらですか?	Where are you from?
☐ アメリカです。	I'm from America. ※America の部分を、the States や the U.S. と言う人もいます。
☐ アメリカのどこですか?	Where in America are you from?
☐ ミネソタ州のセントポールです。	St. Paul, Minnesota.
☐ とてもきれいな所ですね。	It's a very beautiful place.
☐ 行ったことがありますか?	Have you ever been there? Have you been there before?

☐ はい、5年も前のことですが。	Yes, but that was five years ago.
☐ アメリカの物で何が一番恋しいですか？	What do you miss most about America?
☐ 何よりもやっぱり家族ですね。	More than anything else, my family. ※more than anything else は「他の何よりも」の意味です。
☐ どちらの国の方ですか？	What country are you from?
☐ フィリピンです。	I'm from the Philippines. ※「フィリピン」は the Philippines と言います。
☐ 日本から来られたのですか？	Are you from Japan?
☐ 出身は長野ですが、ロサンゼルスにもう15年近く住んでいます。	I'm originally from Nagano, but have lived in Los Angeles for almost 15 years.
☐ あなたの故郷は何で有名ですか？	What is your hometown famous for?
☐ スキーリゾートで有名です。	It's famous for ski resorts.

第1章 あいさつ・自己紹介編

☐ 私は生まれも育ちも大阪です。	I was born and raised in Osaka. I was born and grew up in Osaka.
☐ 私は生まれてこの方ずっと広島に住んでいます。	I've lived in Hiroshima all my life.
☐ 故郷を恋しく思うことはありますか?	Do you miss your hometown?
☐ はい、ときには。	Yes, once in a while.

居住地について　　　Disc 1　13

☐ お住まいはどちらですか?	Where do you live?
☐ 池袋です。	I live in Ikebukuro.
☐ 駅から歩いてほんの5分です。	It's only a 5-minute walk from the station.
☐ 東京にはどれくらい住んでいるのですか?	How long have you lived in Tokyo?
☐ マンションに住んでいます。	I live in a condominium. ※condominium は「分譲マンション」のことで、略して condo とも言います。

☐ ワンルーム・マンションに住んでいます。	**I live in a studio apartment.** ※「ワンルーム・マンション」は studio apartment や one-room apartment と言います。
☐ 会社に行くのにどのくらいかかりますか?	**How long does it take you to get to work?**
☐ 1時間20分くらいかかります。	**It takes about one hour and 20 minutes.**
☐ 通勤はいかがですか?	**How is your commute to work?**
☐ そんなに時間はかかりません。	**It doesn't take me too long.**
☐ 通勤は悩みの種です。	**The commuting is a pain in the neck.** ※a pain in the neck は「悩みの種」の意味です。

出身校について　　　　　　　　　Disc 1 14

☐ あなたの出身大学はどちらですか?	**Where did you go to college?** **What college did you go to?**
☐ 私はデューク大学を出ました。	**I went to Duke University.** **I graduated from Duke University.**

第1章 あいさつ・自己紹介編

□ 学位はどこで取りましたか？	**Where did you get your degree?**
□ スタンフォード大学で学びました。	**I studied at Stanford University.**
□ それは何州にありますか？	**What state is it in?** ※日本の大学の場合なら、What prefecture is it in?（それは何県にありますか？）となります。
□ いつごろ卒業しましたか？	**When did you graduate?**
□ 1982年のことです。	**Back in 1982.** ※back をとって In 1982. と言っても OK です。この back は「あれはかつて〜／もうあれからずいぶんと時間がたった」のニュアンスを強調するための副詞です。
□ 何を勉強しましたか？	**What did you study?**
□ 言語学を学びました。	**I studied linguistics.**
□ 専攻は何でしたか？	**What was your major?**
□ 私の専攻は心理学でした。	**My major was psychology.**

趣味について　　Disc 1 15

□趣味は何ですか？	**What are your hobbies?** ※趣味はたいてい1つではなく2つ以上持っているものと仮定し、複数形の hobbies で質問します。 **What's your favorite pastime?** ※favorite pastime は「お気に入りの娯楽」の意味ですから、これも日本語の「趣味」に近いニュアンスを表します。
□何か趣味をお持ちですか？	**Do you have any hobbies?**
□私の趣味はピアノとスキーです。	**My hobbies are playing the piano and skiing.** **I like playing the piano and skiing.** ※「趣味」に対して必ずしも hobbies を使う必要はありません。
□暇なときは何をしていますか？	**What do you usually do in your free time?** **What do you like to do in your spare time?** ※これら2つも「趣味」について尋ねるものです。free time と spare time は「暇なとき／余暇」の意味です。
□よく映画を見ています。	**I often watch movies.**
□たいていは読書をしたり、音楽を聞いたりしています。	**I usually read books or listen to music.**

第1章　あいさつ・自己紹介編

☐ どんな音楽を聞きますか?	What kind of music do you listen to?
☐ 何か楽器を演奏しますか?	Do you play any musical instruments?
☐ 私には特に趣味がありません。	I don't have any specific interests or hobbies.

※interests は「関心のあること/興味のあること」の意味です。日本人の言う「趣味」は英語では、interests と hobbies の両方を表しているようです。

得意なことについて Disc 1 16

☐ 得意なことは何ですか?	What are you good at?
☐ 得意なことはありますか?	Is there anything that you are good at?
☐ 私は特に得意なことがありません。	I'm not good at anything in particular.

※in particular は「特に」の意味です。

☐ 私はチェスが得意です。	I'm good at chess.
☐ 私は料理が得意です。	I'm good at cooking.
☐ 得意料理は何ですか?	What's your specialty?

家族について

第1章 あいさつ・自己紹介編

□ あなたは何人家族ですか？

How many are there in your family?

How many people are there in your family?

※2つとも are there をとって言うことがあります。その場合は、少しくだけた表現となります。

□ 私の家は5人家族です。

There are five people in my family.

We are a family of five.

□ どんな家族構成ですか？

Who is in your family?

□ 両親、2人の姉と私です。

My parents, two sisters and myself.

□ 両親は共働きです。

My parents both work.

□ 母は専業主婦です。

My mother is a stay-at-home mom.

□ 兄弟はいますか？

Do you have any brothers or sisters?

□ 兄弟は何人ですか？

How many brothers or sisters do you have?

☐ 私には兄と妹がいます。	**I have an older brother and a younger sister.** ※英語では「兄弟・姉妹」の区別をあまり付けないので、単に I have a brother and a sister. と言うのが普通です。
☐ あなたは何番目ですか?	**What number child are you?**
☐ 私は一番上です。	**I'm the oldest.**
☐ 私は2番目です。	**I'm the second.**
☐ 私は末っ子です。	**I'm the youngest.**
☐ 私は一人っ子です。	**I'm an only child.**
☐ 両親と一緒に住んでいるのですか?	**Do you live with your parents?**
☐ 一人で住んでいるのですか?	**Are you living by yourself?**

子どもについて　　　　　　　　　　　Disc 1) 18

☐ お子さんは何人いますか?	**How many children do you have?**
☐ 2人います。男の子と女の子です。	**Two children. One boy and one girl.**

☐ 上が男の子、下が女の子です。	**The older one is a boy, and the younger one is a girl.**
☐ お子さんは何歳ですか?	**How old are your children?**
☐ 可愛い娘さんですね。	**Your daughter is cute.**
☐ しっかりした息子さんですね。	**Your son is mature.**
☐ 彼女は恥ずかしがり屋です。	**She is shy.**
☐ 娘さんは何年生ですか?	**What grade is your daughter in?**
☐ 彼女は小学4年生です。	**She is in the fourth grade.** **She is a fourth grader.**
☐ 彼女は中学2年生です。	**She is an eighth grader.**
☐ 彼女は高校3年生です。	**She is in the twelfth grade.** ※小学1年生から高校3年生までは grade を使って、in the first grade(1st grader)〜 in the twelfth grade(12th grader)と表します。
☐ 息子はもう大学生です。	**My son is already in college.**

第1章 あいさつ・自己紹介編

□ 彼は何年生ですか?	**What year is he in?**	

※大学生の場合は grade ではなく、year を使います。

□ 彼は大学3年生です。	**He is in his third year.**

※his の代わりに、the でも OK です。year の後に of college をつけても OK です。

He is a junior.

※大学1年生は freshman、2年生は sophomore、3年生は junior、4年生は senior と言うことも可能です。

□ 彼は医科大学院に行っています。	**He goes to medical school.**
□ 彼女は法科大学院に行っています。	**She goes to law school.**

プライベートについて　　　Disc 1　19

□ ご結婚なさっていますか?	**Are you married?**
□ 私は結婚しています。	**I'm married.**
□ 私はまだ結婚していません。	**I'm not married yet.**
□ 私は独身です。	**I'm single.**
□ お子さんはいらっしゃいますか?	**Do you have any children?**

34

☐ 子供は一人です。	I have one child.
☐ 男の子ですか、それとも女の子ですか?	Is it a boy or a girl?
☐ うちにはまだ子供がいません。	We don't have any children yet.

職業について `Disc 1` 20

☐ お仕事は何ですか?	**What do you do?** **What do you do for a living?** ※What's your job? も間違いではありませんが、少しぶっきらぼうな質問に聞こえることがあります。
☐ 弁護士です。	I'm a lawyer.
☐ 歯科医です。	I'm a dentist.
☐ コンピュータ関係の仕事をしています。	I work with computers.
☐ どちらにお勤めですか?	Where do you work?
☐ ABC 社に勤めています。	I work for ABC Corporation.
☐ 銀行で働いています。	I work for a bank.

第1章 あいさつ・自己紹介編

単語コラム

職業名

医師	doctor	不動産業者	real-estate agent
内科医	physician	建築士	architect
外科医	surgeon	大工	carpenter
歯科医師	dentist	弁護士	lawyer
看護師	nurse	大学教授	college professor
薬剤師	pharmacist	通訳者	interpreter
栄養士	dietitian	翻訳家	translator
客室乗務員	flight attendant / cabin attendant	司書	librarian
旅行代理店員	travel agent	警察官	police officer
美容師	beautician / hairdresser	消防士	firefighter
銀行員	bank clerk	警備員	security guard
経営コンサルタント	management consultant	機械工	mechanic
		電気工	electrician
		配管工	plumber
会計士	accountant	農業従事者	farmer

第2章

日常生活編

日常生活を送るのに欠かすことのできない重要フレーズを集めました。家族との会話のみならず、友達との会話、食事、洗濯、掃除、時間・天気に関するものも含まれています。また、パソコン、銀行・郵便局、美容院・理髪店に関するフレーズも重要です。さらに、日常会話で頻繁に用いる会話表現もまとめて紹介しましたので、しっかりと覚えておきましょう。

1 生活の会話

朝起きてから夜寝るまで、毎日行う基本的な動作・行動を表現するフレーズを紹介します。

朝　　　　　　　　　　　　　　　　　　　　　　Disc 1 > 21

□ おはよう。

Good morning.

Morning.
※親しい間柄の人には簡単に Morning. と言うことが多いです。

□ もう起きたの?

Did you get up already?

□ よく寝れた?

Did you sleep well?

□ ぐっすりと寝れた?

Did you get a good night's sleep?

□ よく寝れたよ。

I slept well.

□ 昨日はなかなか眠れなかった。

I couldn't fall asleep for a while.
※fall asleep は「眠りにつく」の意味です。

□ もう起きる時間ですよ。

It's time to get up.
※It's を省略して、Time to get up. と言っても OK です。

□ 起きなさい。

Get up now.

□ もう少し寝たいよ。

I want to sleep some more.

□ まだ眠いよ。	I'm still sleepy.
□ 目覚まし時計は鳴ったの?	Did the alarm clock go off?
□ 全然聞こえなかったよ。	I didn't hear it.
□ どうして起こしてくれなかったの?	Why didn't you wake me up? How come you didn't wake me up? ※Why の後は疑問文の語順、How come の後は平叙文の語順になります。
□ 怖い夢を見たよ。	I had a bad dream. I had a nightmare.
□ 夜中に目が覚めて、トイレに行ったよ。	I woke up in the middle of the night and went to the bathroom.
□ 早く朝ご飯を食べなさい。	Hurry up and eat breakfast.
□ 歯を磨きなさい。	Brush your teeth.
□ 歯磨き粉はどこ?	Where is the toothpaste?
□ 顔を洗いなさい。	Wash your face.

☐ トイレに誰か入ってる?	**Is anyone in the bathroom?**	※自宅の「トイレ」は bathroom と言います。bathroom は同時に「浴室」の意味も表します。
☐ 早くトイレから出てよ。	**Please hurry up and get out of the bathroom.**	
☐ トイレが空いたわよ。	**The bathroom is open.**	
☐ トイレを流し忘れたのは誰?	**Who forgot to flush the toilet?**	※flush は「〜を洗い流す」の意味です。アメリカでは toilet は「トイレの便器」の意味です。
☐ 朝シャンをしたいな。	**I want to wash my hair in the morning.**	
☐ ヘアドライヤーで髪を乾かしなさい。	**Dry your hair with a hair dryer.**	
☐ 早く着替えなさい。	**Hurry up and get changed.**	

夜　　　　　　　　　　　　　　　Disc 1) 22

☐ お風呂に水を入れてくれる?	**Will you fill the bathtub?** **Will you run the bath?**
☐ お風呂が沸いたわよ。	**The bath is ready.**

☐ お風呂に入って。	**Please take a bath.**
☐ シャワーだけにするよ。	**I'll just take a shower.**
☐ とてもいい湯だった。	**The bath felt so good.**
☐ 今誰かお風呂に入ってる?	**Is anyone in the bathtub?** **Is anyone taking a bath?**
☐ お風呂の水を流しておいてね。	**Please let the water out of the bath.**
☐ もうこんな時間だ!	**Look at the time!**
☐ そろそろ寝る時間だよ。	**It's time to go to bed.** ※It's を省略しても OK です。
☐ そろそろ寝るよ。	**I'm going to bed.**
☐ 目覚まし時計をセットしたの?	**Did you set the alarm clock?** ※「目覚まし時計」は alarm clock と言います。
☐ 6時半にセットしたよ。	**I set it for 6:30.**
☐ 遅くまで起きていては駄目ですよ。	**Don't stay up late.**

第2章 日常生活編

☐ もう電気を消しなさい。	Turn off the light now.
☐ おやすみなさい。	Good night. Have a good night.

家庭での食事 Disc 1 23

☐ 何か手伝おうか?	Can I help you with something? ※Can の代わりに、Shall を使っても OK です。
☐ 何か他にお手伝いすることある?	Shall I help you with anything else? Is there anything else I can do to help?
☐ 大丈夫よ。	That's okay.
☐ ご飯はまだ?	Is dinner ready yet?
☐ もうすぐよ。	It'll be ready shortly.
☐ 晩ご飯は何?	What's for dinner?
☐ それをレンジでチンして。	Please put it in the microwave. Please nuke it. ※「〜をチンする」には、くだけた表現の nuke や zap を使います。

☐ 手を洗ってきなさい。	**Go wash your hands.**
☐ ご飯ですよ！	**Time for dinner!** **Dinner's ready!**
☐ おいしそうだね。	**It looks good.**
☐ 暖かいうちに食べましょう。	**Let's eat while it's hot.**
☐ またこれなの？	**Are we having this again?**
☐ これはもう飽きちゃった。	**I'm tired of this.**
☐ とてもおいしいよ。	**This is really good.** **This is really delicious.** ※delicious は「喜びを与えてくれるほどおいしい」というニュアンスを持つ上品な語です。日常会話での「おいしい」には good の方がよく使われます。
☐ おかわりはいかが？	**Would you like some more?** **Would you like another helping?** **Would you like seconds?**
☐ おかわりをもらえる？	**Can I have some more?** **May I have another helping?**

第2章 日常生活編

☐ コーヒーかお茶を入れましょうか？	**Shall I make coffee or tea?**
☐ フルーツはいかが？	**Would you like some fruit?**
☐ ケーキはいかが？	**How about some cake?**

食後の片付け　　　　　　　　　　　　　Disc 1　24

☐ 片付けるのを手伝おうか？	**Shall I help you clean up?**
☐ 大丈夫よ、一人でできるから。	**No thanks, I can do it myself.**
☐ 片付けるのを手伝ってもらえる？	**Can you help me clean up, please?**
☐ 何をしたらいい？	**What should I do?**
☐ 皿を片付けて。	**Please clear the dishes.**
☐ テーブルを片付けて。	**Please clear the table.**
☐ 私が洗い物をするわ。	**I'll do the dishes.** ※do の代わりに、wash を使っても OK です。
☐ 私が食器洗い機に入れるわ。	**I'll load the dishwasher.** ※「食器洗い機」は dishwasher と言います。

☐ 私がテーブルを拭くわ。	**I'll wipe the table.** ※wipe は「〜を拭く」の意味です。

洗濯　　　　　　　　　　　　　　　　Disc 1　25

☐ 洗濯をしなくちゃ。	**I have to wash the clothes.**
☐ 洗濯物がたくさんあるわ。	**There are a lot of clothes to wash.**
☐ 洗濯物がたまっているわ。	**The laundry has piled up.** ※「洗濯物」は laundry や clothes と言います。
☐ 何回かに分けて洗濯しなければいけないわ。	**I have several loads of clothes to wash.**
☐ 手を貸してくれる?	**Will you give me a hand?**
☐ 洗濯洗剤はどこ?	**Where is the laundry detergent?** ※laundry detergent は「洗濯洗剤」の意味です。
☐ どれくらい入れればいいの?	**How much should I put in?**
☐ 時間はどのくらいにセットすればいいの?	**How long should I set it for?**
☐ 洗濯が終わったわ。	**The wash is finished.**

第2章　日常生活編

☐ 洗濯物を乾燥器に入れてちょうだい。	**Please put the clothes in the dryer.** ※clothes の代わりに、laundry を使っても OK です。
☐ 今日は洗濯日和ね。	**Today is a good day to do the laundry.**
☐ 今日は天気がいいから、洗濯物を外に干しましょう。	**The weather is good today, so let's hang the clothes outside.**
☐ 洗濯物を取り込んでね。	**Please bring in the laundry.**
☐ 洗濯物をたたんでね。	**Please fold the clothes.**

掃除　　　　　　　　　　　　　Disc 1　26

☐ 部屋が散らかっているわよ。	**The room is messy.**
☐ 部屋が汚いわね。	**The room is dirty.**
☐ 今日は掃除をしなくちゃ。	**I have to do some cleaning today.**
☐ 自分の部屋は自分で掃除しなさい。	**Clean your own room.**
☐ 部屋を片付けなさい。	**Clean up your room.**

☐ 窓をきれいに拭きなさい。	**Wipe the windows clean.**
☐ 床に掃除機をかけなさい。	**Vacuum the floor.**
☐ じゅうたんに掃除機をかけなさい。	**Vacuum the carpet.**
☐ 掃除機はどこ?	**Where is the vacuum cleaner?** ※「掃除機」は vacuum cleaner と言います。
☐ 部屋がきれいになったわね。	**The room looks good now.**

2 家族・友人との会話

家族での外出、来客の応対、最近の出来事について話をするのに便利なフレーズです。

家族で出かける　Disc 1　27

□ 今日は何をしましょう？
What shall we do today?

□ ピクニックに行こうよ。
Let's go on a picnic.

Why don't we have a picnic?
※Why don't we ～？（～しませんか？／～しようよ）の表現も使えるようにしておきましょう。

□ モールで買い物はどう？
What do you say to going shopping at the mall?
※What do you say to [about] ～？も「～しましょうよ」の意味のカジュアルな勧誘表現です。to の後には必ず名詞（動名詞）が来ます。

□ ビーチに行こうよ。
Let's go to the beach.

□ 水族館に行こうよ。
Let's go to the aquarium.
※「水族館」は aquarium と言います。

□ 公園でバーベキューをしようよ。
Let's have a barbecue at the park.

□ 久しぶりに映画でも見に行かない？
Shall we go to the movies for a change?
※for a change は「いつもと違って、気分転換に」の意味です。

☐ 天気がいいので、どこかに出かけよう。

We should take advantage of the good weather and go somewhere.

※take advantage of 〜は「〜を活かす、〜をうまく利用する」の意味です。

☐ 今夜、外食はどうかなあ?

Why don't we eat out tonight?

☐ 何時に出かけようか?

What time shall we leave?

☐ 早く支度をして。

Hurry up and get ready.

☐ 支度はできた?

Are you ready?

※ready の後に to go を付けても OK です。もっと簡単に Ready? とだけ言うこともできます。

☐ みんな出かける用意ができているよ。

We are all set.

※all set の後に to go を付けても OK です。もっと簡単に All set. とだけ言うこともできます。

☐ 必要なものは全部持ってる?

Do you have everything we need?

☐ 忘れ物をしないようにね。

Don't forget anything.

Make sure you have everything.

☐ 戸締まりをして。

Please lock up the house.

第2章 日常生活編

☐ ドアに鍵をかけ忘れないように。

Don't forget to lock the door.

Be sure to lock the door.
※Be sure の代わりに、Make sure を使うこともできます。

☐ そこまでどのくらい時間がかかるの？

How long does it take to get there?

☐ 1時間くらいだよ。

It takes about an hour.

☐ シートベルトを締めなさい。

Fasten your seatbelt.
※Fasten の代わりに、Put on と言っても OK です。

Buckle up.
※buckle up は「シートベルトを締める」の意味です。

☐ もうすぐ着きそう？

Are we almost there?
※目的地（destination）のことを there で表現しています。特に長時間クルマの中でじっとできない子どもが Are we almost there? とよく言います。

☐ もう少しで着きますよ。

We're almost there.

自宅に招待する　　　　　　　　　　　　Disc 1　28

☐ うちに遊びに来ませんか？

Why don't you come to my house?

Won't you come visit us?

☐ 喜んで。

I'd be happy to.

☐ 喜んでお伺いします。	**I'd be happy to come.**
☐ 何か持って行きましょうか?	**Shall I bring anything?** **What would you like me to bring?**
☐ 手ぶらで来てください。	**Just bring yourself.** ※お土産などを持たずに身一つで来てください、という意味です。
☐ 我が家にようこそ。	**Welcome.** **Welcome to our home.**
☐ さあ、お入りください。	**Please come in.**
☐ お招きありがとうございます。	**Thank you for inviting me.** **Thank you for inviting us.** ※場合に応じて、me と us の区別が必要です。
☐ コートをお預かりします。	**I'll take your coat.** **Let me take your coat.**
☐ ここに来る道はすぐに分かりましたか?	**Did you find your way here okay?** **Did you have any trouble finding your way here?**

第2章 日常生活編

☐ どうぞおかけください。	**Please be seated.** **Please have a seat.** ※Please sit down. は命令的な響きを持つのであまり使われません。	
☐ ゆっくりなさってください。	**Please make yourself comfortable.** **Please make yourself at home.**	
☐ これはささやかな贈り物です。	**Here's a little something for you.** **I have a little something for you.** ※日本語の「つまらないものですが／大した物ではございませんが」にも相当するフレーズです。	
☐ 気に入ってもらえるといいのですが。	**I hope you'll like it.** ※Here's a little something for you. に続けて言うとバッチリです。	
☐ どうもありがとうございます。	**Thank you so much.**	
☐ そんなお気遣いいただかなくてもよかったのに。	**You shouldn't have.** ※贈り物に恐縮してお礼を言う場合のフレーズです。	
☐ 何も持って来なくてもよかったのに。	**You didn't need to bring anything.**	
☐ 何か飲みますか？	**Would you like something to drink?** **Would you like to drink something?**	

□コーヒーをお願いします。	I'll have coffee, please.
□何でもいいですよ。	Anything is fine.
□どうぞおかまいなく。	Don't bother. You don't have to bother.
□夕食を食べて行ってください。	Please have dinner with us.
□お言葉に甘えて。	If you insist. ※元々の意味は「もしもあなたが是非とおっしゃるなら」です。 If you're sure it's all right.
□すごいごちそうですね。	It looks fabulous. ※fabulous は「とても素晴しい」の意味です。 What a spread! ※spread は「テーブルの上にいっぱい並べられているごちそう」の意味です。
□あなたは本当に料理が上手ですね。	You're such a good cook.
□どうぞ召し上がってください。	Please enjoy the meal.

☐ どうぞ自由に召し上がってください。	**Please help yourself.** ※アメリカンスタイルの食事のように好きな物を自由にとって食べる時によく使います。
☐ テーブルの上にあるものは何でも遠慮なく召し上がってください。	**Please help yourself to anything on the table.** ※「自由に〜を取って食べる・飲む」と言う場合には、help yourself to 〜と表現します。
☐ これをもう少しいかがですか？	**How about some more of this?**
☐ ごちそうさまでした。	**That was a great meal.** **Thank you for the meal.** **I really enjoyed the meal.** ※英語の「ごちそうさま」は相手の料理を褒めたり感謝したりして表します。なお、「いただきます」に相当するフレーズは特にありません。食前の祈りを終えて食べ始める人や、単に Let's eat! と言って食べ始める人もいます。
☐ 次回は持ち寄りパーティーをしましょう。	**Let's have a potluck party next time.** ※「持ち寄りパーティー」は potluck party と言います。
☐ もう遅くなってきました。	**It's getting late.** ※おいとまの準備をするときのフレーズです。

☐ そろそろ帰らなければいけません。	**I'd better be going now.** **I should get going now.** ※一人ではなく家族で帰って行く場合には、主語のIはWeとなります。 **I think it's time to go home.**
☐ 時間がたつのはあっという間ですね。	**The time flew by quickly, didn't it?**
☐ 今日は本当に楽しかったです。	**I had a lot of fun today.**
☐ お招きありがとうございました。	**Thank you for having me over.** ※家族で呼んでもらったときには、Thank you for having us over. となります。
☐ こちらこそ来てくださってありがとうございました。	**Thank you for coming, too.**

最近の出来事について　　　Disc 1 29

☐ 週末は何をしましたか？	**What did you do last weekend?**
☐ 家族でスキーに行ってきました。	**Our family went skiing.**
☐ 週末はどう過ごしましたか？	**How did you spend your weekend?**

☐ 家でごろごろしていました。	**I was lounging around the house.** ※lounging の代わりに、lying を使うこともできます。 **I was just goofing off at home.**
☐ 最近どこかに行かれましたか？	**Have you gone anywhere recently?**
☐ 先月夫婦でサイパンに行きました。	**My husband and I went to Saipan last month.** ※男性の発言であれば、主語は My wife and I となります。
☐ 最近何かいい映画を見ましたか？	**Have you seen any good movies lately?**
☐ つい昨日「レフトビハインド」を見たばかりです。	**I watched "Left Behind" only yesterday.**

3 時間と天気

日常会話でよく話題になる時間と天気についての基本フレーズを紹介します。

月日・曜日・時間　　　　　　　　　　Disc 1　30

☐ 今日は何月何日ですか？

What's the date today?

What date is it today?

☐ 今日は10月20日です。

Today is October 20.

It's October 20.

☐ 今日は何曜日ですか？

What day is today?

What day is it today?

※What day の後に of the week を付けて、What day of the week is it today? と丁寧に聞くこともできます。

☐ 今日は木曜日です。

Today is Thursday.

It's Thursday today.

☐ 今何時ですか？

What time is it?

Do you have the time?

※Do you have time?（時間がありますか）と混同しないように注意しましょう。

☐ 5時15分前です。

It's a quarter to five.

※ここでは quarter は「15分」の意味です。to の代わりに、before と言ってもOKです。

☐ 5時15分です。	**It's a quarter past five.** ※ past の代わりに、after と言っても OK です。 **It's five fifteen.**
☐ あなたの時計は今何時ですか？	**What time is it by your watch?**
☐ 私の時計は正確ではありません。	**My watch isn't accurate.**
☐ 私の時計は少し進んでいます。	**My watch is a little fast.**
☐ 私の時計は少し遅れています。	**My watch is a little slow.**
☐ 私の時計は3分早いです。	**My watch is 3 minutes fast.**
☐ 私の時計は3分遅いです。	**My watch is 3 minutes slow.**
☐ 時間がありません。	**We have no time.** **We don't have the time.**
☐ 時間はたっぷりあります。	**We have a lot of time.** **We have plenty of time.**

□ もうあまり時間がありません。

We are running out of time.
※時間切れになりそうな場合に使うフレーズです。

単語コラム
月名とその略称

1月	January	Jan.		7月	July	Jul.
2月	February	Feb.		8月	August	Aug.
3月	March	Mar.		9月	September	Sept.
4月	April	Apr.		10月	October	Oct.
5月	May	May		11月	November	Nov.
6月	June	Jun.		12月	December	Dec.

第2章 日常生活編

天気

Disc 1　31

☐ 今日の天気はどうですか?	How's the weather today? What's the weather like today?
☐ すごくいい天気です。	It's a beautiful day.
☐ まぶしいほどの良い天気です。	It's bright and sunny.
☐ 空には雲一つない晴天です。	There isn't a cloud in the sky.
☐ ポカポカで気持ちいいですね。	It's warm and comfortable.
☐ 風が強くて寒そうですね。	It looks windy and cold.
☐ 今日は涼しいです。	It's cool today.
☐ 雨が降りそうです。	It looks like rain.
☐ 今にも一雨きそうです。	It looks like rain any time now.
☐ 梅雨に入りましたね。	**The rainy season has set in.** ※has set in の代わりに、has begun と言っても OK です。

☐ やっと梅雨が明けましたね。	**The rainy season has finally ended.**
☐ 台風が近づいています。	**The typhoon is getting closer.**
☐ 天気予報は何と言ってましたか?	**What did the weather forecast say?** ※「天気予報」は、weather forecast や weather report と言います。
☐ 天気予報では今日は雪が降ると言っていました。	**The weather forecast said it was going to snow today.**
☐ 降水確率は60%です。	**There's a 60 percent chance of rain.**
☐ 今日の最高気温は18度、最低気温は6度だそうです。	**Today's high will be 18 degrees and the low 6.**
☐ 念のため、傘を持っていった方がいいですよ。	**You should take an umbrella with you just in case.** ※「念のため」は just in case や just to be safe と言います。
☐ 予想通り、大雨になりました。	**We've had heavy rain as expected.**
☐ 天気予報が当たりましたね。	**The weather forecast was right.**
☐ 今週の天気予報はどうなっていますか?	**What's the weather forecast for this week?**

第2章 日常生活編

単語コラム

天気関連

大雨	heavy rain / downpour
暴風雨	rainstorm
雷雨	thunderstorm
雷鳴	thunder
稲妻	lightning
吹雪	snowstorm
猛吹雪	blizzard
突風	gust / blast
強風	gale / strong wind
そよ風	breeze
雹（ひょう）	hail
霧	fog
霞	haze
もや	mist
霧雨	drizzle
小雨	sprinkle
にわか雨	shower
スコール	squall
竜巻	tornado / twister
台風	typhoon （北太平洋で発生する熱帯性低気圧）
ハリケーン	hurricane （北大西洋で発生する熱帯性低気圧）
サイクロン	cyclone （インド洋で発生する熱帯性低気圧）
気温	temperature
気圧	atmospheric pressure / barometric pressure
高気圧	high pressure
低気圧	low pressure
気象予報士	weather forecaster
天気予報	weather forecast

4 子どもとの会話

自分の子ども、よその子どもとの会話に使える表現と、日常会話フレーズを紹介します。

自分の子どもとの会話

Disc 1) 32

□ もうテレビを消しなさい。	Turn off the TV now.
□ 勉強する時間ですよ。	It's time to study.
□ 宿題はもう終わったの?	Have you finished your homework?
□ 9時までには帰って来るのよ。	Make sure you're home before 9 o'clock.
□ 遅れそうだったら、電話してね。	If you're going to be late, give me a call.
□ 駅に車で迎えに来てくれる?	Can you pick me up at the station?
□ いいわよ。	Sure. Sure thing.
□ お金はちゃんと持ってる?	Do you have any money?

☐ 楽しんで来てね。	Have a good time.

小・中・高生との会話 Disc 1 33

☐ 夏休みはいつから始まりますか?	When does your summer vacation start?
☐ 今何年生ですか?	What grade are you in?
☐ 今度の9月で小学5年生です。	I'm going into fifth grade this September.
☐ 大きくなったら何になりたいですか?	What do you want to be when you grow up?
☐ 週末はいつも何をしていますか?	What do you usually do on weekends?
☐ 勉強の調子はどうですか?	How are your studies going?
☐ クラブに入っていますか?	Do you belong to any clubs? Are you in any clubs?
☐ 何のクラブに入っていますか?	What club do you belong to? ※What の代わりに、Which を使っても構いません。

| □テニス部に入っています。 | **I belong to the tennis club.**
 I'm in the tennis club. |

| □卒業式はいつですか？ | **When is your graduation?**
 When is your commencement?
 ※commencement は、特に高校・大学の卒業式を言います。 |

大学生との会話　　　　　Disc 1　34

| □大学生ですか？ | **Are you in college?** |

| □何年生ですか？ | **What year are you?**
 ※文末に in を付けて、What year are you in? とも言います。 |

| □キャンパスの中に住んでいますか？ | **Are you living on campus?**
 ※live on campus の反対は live off campus（キャンパスの外に住む）です。 |

| □学生寮に住んでいます。 | **I'm living in a dormitory.**
 ※「学生寮」は dormitory や dorm と言います。 |

| □ルームメイトと部屋をシェアしています。 | **I share a room with a roommate.** |

| □専攻は何ですか？ | **What's your major ?**
 What are you majoring in?
 ※major は名詞で使う場合は「専攻（科目）」、動詞で使う場合は「専攻する」の意味となります。 |

第2章　日常生活編

☐ アルバイトをしていますか?	Do you work part-time? Do you have a part-time job?
☐ 卒業後はどうする予定ですか?	What do you plan to do after graduation?

単語コラム

学問・学術名

文学	literature	宗教学	religion
言語学	linguistics	神学	theology
歴史学	history	心理学	psychology
考古学	archaeology	建築学	architecture
人類学	anthropology	数学	mathematics
政治学	political science	物理学	physics
経済学	economics	化学	chemistry
経営学	business administration	生物学	biology
社会学	sociology	医学	medical science
統計学	statistics	薬学	pharmacy
会計学	accounting	電子工学	electronics
法学	law	地理学	geography
教育学	education	地質学	geology
哲学	philosophy	天文学	astronomy

第2章 日常生活編

便利な日常会話表現

☐ あのさあ。

You know what?

You know something?

※話を切り出すときや相手の注意を引くときに使います。You を省略して Know what? や Know something? とも言います。日本語の「あのさあ／ねえねえ／ねえ知ってる?」に相当します。

☐ 何か変わりはない?

What's up?

What's new?

※どちらも「変わりはない?／最近どう?」の意味です。親しい人に使うカジュアルな表現です。

☐ 特に何もないよ。

Not much.

Nothing much.

※What's up? や What's new? に対する一般的な返答です。

☐ ごめんください。

Is anybody home?

Anybody here?

※人の家を訪問するときのフレーズです。

☐ 行ってきます。

Bye.

See you.

I'm off.

☐ ただいま。

Hi, I'm home.

☐ お帰りなさい。	**Hi.** **Hi, there.** ※Welcome back. や Welcome home. も「お帰りなさい」の意味ですが、これらはどちらかと言うと長期間不在だった人に対して使うフレーズなので、気をつけましょう。
☐ 今日はどうだった?	**How was your day?**
☐ いい考えがあります。	**I'll tell you what.**
☐ その通りですね。	**You're telling me.**
☐ なるほど。	**That figures.** **That explains it.**
☐ それでピンときました。	**That rings a bell.** ※ふとしたきっかけで何かを思い出したときに使うフレーズです。
☐ そうなんですか?	**Is that so?** **Is that right?**
☐ それだけですか?	**Is that all?** **Is that it?**
☐ 信じられません。	**I can't believe it.**

第2章 日常生活編

☐ 冗談でしょ？	**You're kidding!** ※「冗談でしょ？／まさか！／うそでしょ！」の意味です。You must be kidding. や You've got to be kidding. とも言います。
☐ そんなうまい話はあり得ません。	**It's too good to be true.** ※「出来すぎた話だよ／そんなのあり得ない」の意味です。
☐ だから言ったでしょ。	**I told you.** ※「言った通りでしょ／だから言ったじゃないか」の意味です。so を付けて、I told you so. とも言います。
☐ ど忘れしました。	**It's slipped my mind.**
☐ のどまで出かかっているんだけど。	**It's on the tip of my tongue.**
☐ 別に構いません。	**It doesn't matter.** ※「私は構いません」であれば、It doesn't matter to me. と言えば OK です。
☐ ここだけの話ですよ。	**This is just between you and me.**
☐ 試しにやってみるべきです。	**You should give it a try.**
☐ すみませんが、無理なんです。	**I'm sorry, but I can't.**
☐ 一晩考えさせてください。	**Let me sleep on it.**

☐ 私に任せてください。	**Please leave it to me.** **You can count on me.**
☐ また今後誘ってもらえますか？	**Can I take a rain check?** ※「今回は無理だけど、次回は是非」のニュアンスです。
☐ お先にどうぞ。	**After you.** **You go ahead.** ※You をとって Go ahead. と言っても OK です。
☐ 今夜はテレビで何をやってる？	**What's on TV tonight?**
☐ チャンネルを変えてもいい？	**Do you mind if I change channels?**
☐ 家まで送ってもらってもいい？	**Would you drive me home?**
☐ 家まで送ってくれてありがとう。	**Thank you for the ride home.**

第2章 日常生活編

5 パソコン

パソコン、メールに関するフレーズを覚えておくと、毎日の生活にとても役立ちます。

パソコンを買う Disc 1 › 36

☐ どこのパソコンがおすすめですか？
What brand of computer do you recommend?

☐ どこでパソコンを買うとよいでしょうか？
Where should I buy a computer?

☐ デスクトップとラップトップのどちらの購入を考えていますか？
Are you thinking of buying a desktop or a laptop?

☐ 現在あの店ではコンピュータのセールを行っています。
There's a computer sale going on right now at that store.

パソコンを使う Disc 1 › 37

☐ ホームページを開設しました。
I've set up my website.
※set up の代わりに、launched や established を使うことも可能です。

☐ ホームページの更新をしました。
I've updated my website.

☐ あなたのメールアドレスを教えてください。
Please tell me your e-mail address.

☐ 送ったはずのメールが戻ってきました。	**The message I sent you was returned.** ※この場合の message は、e-mail message のことです。
☐ メールを送ったのですが、届いていますか？	**I sent you an e-mail, but did you receive it?**
☐ まだメールのチェックをしていません。	**I haven't checked my e-mail yet.**
☐ メールの返事が遅れてすみません。	**I'm sorry for this late reply to your e-mail.**
☐ メールにファイルを添付しておきました。	**I attached a file to my e-mail.**
☐ 添付ファイルが開けません。	**I can't open the attached file.** ※「添付ファイル」は attached file や attachment と言います。
☐ 友人からのメールを転送します。	**I will forward my friend's e-mail to you.**
☐ あなたのメールは文字化けしています。	**Your e-mail has funny characters.** ※funny の代わりに、garbled と言っても OK です。 **Your message is garbled.** ※garbled は「文字化けしている」の意味です。

第2章 日常生活編

☐	パソコンの調子が悪いです。	Something is wrong with my computer.
☐	スパムメールはどのように阻止すればよいですか?	How do I block spam?
☐	コンピュータにウイルスソフトを入れるべきです。	You should install an anti-virus program on your computer.
☐	定期的にソフトをアップグレードするといいですよ。	You should upgrade your software on a regular basis. ※on a regular basis は「定期的に」(= regularly)の意味です。
☐	検索したい語を打ち込んでください。	Type in the word you want to search.
☐	画面の下までスクロールしてください。	Scroll down the screen. ※反対に「上」であれば、Scroll up the screen. と言います。
☐	この部分をコピーペーストして、あなたのブログに貼り付けるとよいでしょう。	You might want to copy this part and paste it in your blog.
☐	その音楽ファイルは無料でダウンロードできます。	You can download the music file for free.

| □ ホームページに数枚の写真をアップロードしました。 | I've uploaded some photos to my website. |

| □ 交流サイトに加入していますか？ | Have you joined any social networking sites?

Do you belong to a social networking website?

※social networking site [website] とは、Facebook、MySpace、Mixi、Twitter などのような交流サイトのことを指します。 |

| □ スカイプを使うと、ネット上で相手の顔を見ながら無料で誰とでも話をすることができます。 | If you use Skype, you can talk to anyone face to face for free over the Internet. |

6 銀行・郵便局

海外旅行中や海外滞在中には、銀行や郵便局に行くこともあるはずです。

銀行にて

Disc 1 > 38

- [ ] 口座を開きたいのですが。

  I'd like to open an account.

- [ ] 普通預金口座ですか、それとも当座預金口座ですか?

  【銀行員】
  Savings account or checking account?

- [ ] 現金を預金したいのですが。

  I'd like to deposit some money.
  ※deposit は「〜を預金する」の意味です。

- [ ] 現金を引き出したいのですが。

  I'd like to withdraw some money.
  ※withdraw は「〜を引き出す」の意味です。

- [ ] 残高を教えていただけますか?

  Would you tell me my balance, please?

- [ ] これらの小切手を現金に換えて欲しいのですが。

  I'd like to cash these checks, please.

- [ ] それらに裏書きをお願いします。

  【銀行員】
  I need you to endorse these.
  ※endorse は「〜に裏書きをする」の意味です。

☐ ATMの調子がおかしいです。	There is something wrong with the ATM. The ATM is not working properly.
☐ 外貨が欲しいのですが。	I'd like some foreign currency.
☐ ユーロをお願いします。	I'd like some Euros.
☐ 今日のユーロの為替レートはいくらですか？	What's the exchange rate for Euros today?
☐ 2千ドルを日本に送金したいのですが。	I'd like to remit 2,000 dollars to Japan. ※remitは「〜を送金する」の意味です。

郵便局にて　　　　　　　　　　　Disc 1　39

☐ 42セント切手を3枚ください。	I'd like three 42-cent stamps, please.
☐ これを日本に送りたいのですが。	I'd like to send this to Japan.
☐ 日本へはどのくらいで着きますか？	How long will it take to get to Japan?

第2章 日常生活編

☐ この手紙を航空便で送りたいのですが。	**I'd like to send this letter by airmail.**
☐ この小包をドイツに送りたいと思います。	**I'd like to send this parcel to Germany.** ※「小包」は parcel や package と言います。
☐ 送料を教えていただけますか？	**Could you tell me what the postage is?**
☐ はかりの上に置いてください。	郵便局員 **Please put it on the scale.**
☐ それに保険をかけたいと思います。	**I'd like to insure it.**
☐ 中味は何ですか？	郵便局員 **What's in it?** **What are the contents?**

7 美容院・理髪店

美容院や理髪店で使うフレーズはほとんど決まっているので、覚えておきましょう。

カットをしてもらう　　Disc 1　40

□ どのようにしましょうか？	【美容師】How would you like your hair? What would you like done?
□ カットをお願いします。	I'd like to get a haircut. I'd like a haircut, please.
□ どのようにカットしましょうか？	【美容師】How would you like me to cut your hair?
□ お任せします。	I'll leave it to you.
□ 全体的に短くしてもらえますか？	Could you cut it short all around?
□ 全体をそろえるくらいに切ってください。	Just trim it overall, please.
□ 髪を少しすいてもらえますか？	Could you thin it out a little?
□ 前髪はもう少し短くお願いします。	Please cut my bangs a little shorter.

第2章 日常生活編

☐ 後ろ髪は2インチほど切ってください。	Take about 2 inches off the back.

パーマをしてもらう　　Disc 1　41

☐ パーマをお願いします。	I'd like to get a perm.
☐ ストレートパーマをお願いします。	I'd like to get a straight perm.
☐ ゆるくパーマをかけてください。	I'd like to get a gentle wave.
☐ 髪が少し傷んでおられますね。	Your hair is a bit damaged.
☐ どのくらい時間がかかりますか?	How long will that take?

髪を染めてもらう　　Disc 1　42

☐ 髪を染めたいのですが。	I'd like to dye my hair. I'd like to have my hair colored.
☐ 白髪がかなり増えてきました。	My hair is really turning gray.
☐ どの色にしましょうか?	What color would you like?
☐ 薄めの茶色でお願いします。	I'd like light brown, please.

第3章

食事・喫茶編

予約する→注文する→お勘定をするというレストランでの一連の会話フレーズを中心に、飲み会やカラオケ、同窓会などでも使える表現を収録しています。喫茶店やファーストフード店での決まった言い方も覚えておくと便利です。このような表現をマスターしておけば、会話がはずみ食事がますます楽しくなります。

1 レストラン

予約・注文からお勘定まで、レストランで食事をするときの必須フレーズです。

予約する

□ 明日夕方の予約をしたいのですが。	I'd like to make a reservation for tomorrow evening. I'd like to reserve a table for tomorrow evening.
□ 何名様でしょうか？ *お店*	How many? How many people?
□ 4名です。	Four.
□ 何時にいたしますか？ *お店*	What time would that be?
□ 午後6時でお願いします。	Six o'clock, please.
□ かしこまりました。 *お店*	All right. Certainly.
□ お名前をいただけますでしょうか？ *お店*	May I have your name, please?

☐ それではお待ちしております。	お店	We'll be expecting you then.
☐ 恐れ入りますが、明日の予約は一杯になっております。	お店	I'm sorry, but we're all booked up tomorrow.

注文する   Disc 1) 44

☐ いらっしゃいませ。何名様ですか？	接客係	Good evening. How many are in your party? ※この場合の party は「グループ、一行」の意味です。
☐ 5名です。		Five. Five of us. ※どちらも文頭に There are が省略されています。
☐ 予約いただいておりますか？	接客係	Do you have a reservation?
☐ 予約しています。		I have a reservation.
☐ 予約していません。		I don't have a reservation.
☐ こちらへどうぞ。	接客係	This way, please.
☐ こちらのお席です。	接客係	Here are your seats.
☐ メニューをどうぞ。	接客係	Here's a menu for you.

第3章 食事・喫茶編

☐ この店のおすすめは何ですか？	**What are your specialties?**
☐ 何が一番おすすめですか？	**What would you recommend most?**
☐ 今日のおすすめは何ですか？	**What's today's special?**
☐ 今日のスープは何ですか？	**What's today's soup?**
☐ 郷土料理はありますか？	**Do you have any local dishes?**
☐ ご注文はお決まりですか？	接客係 **Are you ready to order?** **May I take your order?** **Have you decided?**
☐ もう少し時間をください。	**Just give us a little more time.** **We need some more time.** ※一人のときには Just give me 〜、I need 〜となります。
☐ 注文をお願いできますか？	**Could you take our order, please?**
☐ 注文が決まりました。	**We're ready to order.**

☐ ステーキとロブスターのセットをお願いします。	**I'll have the steak and lobster, please.**
☐ 私も同じものをお願いします。	**I'll have the same.**
☐ ラザニアをお願いします。	**I'd like lasagna, please.** ※注文を頼むときには、料理・飲み物ともに I'll have 〜、または I'd like 〜を使えば OK です。
☐ それには何がつきますか?	**Does anything come with it?**
☐ パンとサラダがつきます。	接客係 **It comes with bread and salad.**
☐ ステーキの焼き具合はどうしますか?	接客係 **How would you like your steak?** **How would you like your steak done?** ※done の代わりに、prepared を使うこともあります。
☐ ミディアムにしてください。	**Medium, please.**
☐ ウェルダンにしてください。	**I'd like it well-done.** ※肉の焼き加減は、生に近い方から rare(レア)、medium-rare(ミディアムレア)、medium(ミディアム)、medium-well(ミディアムウェル)、well-done(ウェルダン)となります。
☐ サラダのドレッシングは何になさいますか?	接客係 **What kind of dressing would you like on your salad?**

第3章 食事・喫茶編

☐ どんな種類のドレッシングがありますか?	**What kind of dressings do you have?**
☐ イタリアンをお願いします。	**Italian, please.** ※たいていの店には、Italian（イタリアン）、French（フレンチ）、Thousand Island（サウザンドアイランド）、Blue Cheese（ブルーチーズ）、Ranch（ランチ）、Honey Mustard（ハニーマスタード）などのドレッシングがあります。
☐ 一緒にお飲み物はいかがですか?	接客係 **Would you like something to drink with that?**
☐ お飲み物は何がよろしいですか?	接客係 **What would you like to drink?**
☐ ダイエット・コークをお願いします。	**Diet Coke, please.**
☐ 赤ワインをグラスでお願いします。	**I'd like a glass of red wine.**
☐ ビールをいただけますか?	**Can I have a beer, please?**
☐ いつお持ち致しましょうか?	接客係 **When should I bring it?**
☐ 食事と一緒にお願いします。	**Please bring it with the meal.**

□コーヒーは食前と食後のどちらにお持ちしましょうか？	接客係 Would you like your coffee before or after dinner?
□食後にお願いします。	After, please.
□他にご注文はありますか？	接客係 Anything else? Is there anything else I can get you? Would you like anything else?
□いいえ、それだけで結構です。	No, that's it. No, that'll be all. No, we're all set.

料理について　　　　　　　　　　Disc 1　45

□こんなにおいしいステーキは初めてです。	This is the best steak I've ever had. I've never had such a great steak. ※レストランだけでなく、人の家を訪れたときにも使えます。steakの部分をいろんな単語に変えて練習してみましょう。
□これは少し塩辛いです。	This is a bit salty. ※a bit は「少し」の意味です。a bit の代わりに、a little を使ってもOKです。
□これは少し辛いです。	This is a bit spicy.

第3章 食事・喫茶編

☐ これは少し油っこいです。	This is a bit oily. This is a bit greasy. ※greasy は「油っこい」の意味です。
☐ これは少し味が濃いです。	This is a little strong.
☐ これは少し味が薄いです。	This is a little bland.
☐ すごくこってりしていますね。	It's very rich.
☐ 料理はお口に合いますか?	How do you like your meal? Are you enjoying your meal?
☐ これは絶品です。	This is excellent.
☐ まあまあの味です。	It's okay.
☐ 正直言って、これはまずいです。	Honestly, this is terrible.
☐ この味でこの値段はお得です。	This is a good meal for the price.
☐ この値段は高すぎます。	This is too expensive.

□あなたは何料理が好きですか？	**What kind of ethnic food do you like?** ※ethnic food は「エスニック料理」の意味です。
□私は中華料理が好きです。	**I like Chinese food.**
□私はイタリア料理が好きです。	**I love Italian food.** ※I love ～は女性が多用する表現です。
□あなたは食欲旺盛ですね。	**You have a big appetite.**
□注文し過ぎました。	**I ordered too much.**
□私は好き嫌いが激しいです。	**I'm a picky eater.**
□私は食べ物にうるさいです。	**I'm picky about food.** ※be picky about ～は「～について好みがうるさい、～にこだわりがある」(= be particular about ～)の意味です。

追加注文

Disc 1　46

□メニューをもう一度見せていただけますか？	**May I see the menu again?** **Could you bring the menu again?**
□すみませんが、お皿を下げてもらえますか？	**Excuse me, but would you take away these plates?** ※take away の代わりに、clear を使うことも可能です。

第3章　食事・喫茶編

☐ 追加の注文をお願いします。	I'd like to order something else.
☐ ピザの小をお願いします。	I'd like a small pizza, please.
☐ レモネードを、氷抜きでお願いします。	I'd like a lemonade, no ice.
☐ デザートを注文したいのですが。	I'd like to order a dessert.
☐ どんなデザートがよろしいですか?	**接客係** What kind of dessert would you like?
☐ アップルパイなんかよさそうですね。	Apple pie would be good.
☐ すぐにお持ち致します。	**接客係** I'll be right back with that. ※文末の with that は省略しても構いません。 I'll be right with you.

催促する・依頼する・苦情を言う　　Disc 1 　47

☐ 注文したものがまだ来ません。	My order hasn't come yet.
☐ 注文した料理はどうなっているのですか?	What happened to the meal I ordered?

☐ どうしてこんなに時間がかかるのですか?	What is taking so long?
☐ すぐに確認します。	接客係 I'll check on that now.
☐ どうなっているか見てきます。	接客係 I'll see what's going on right away.
☐ すみません、これは注文していませんが。	Excuse me, I didn't order this. Excuse me, this is not what I ordered.
☐ 中に髪の毛が入っているのですが。	There's a hair in here.
☐ スープが冷たいのですが。	I'm afraid my soup is cold.
☐ コーヒーがぬるいのですが。	The coffee is not hot enough.
☐ ソフトドリンクはおかわり自由ですよね?	You have free refills on soft drinks, right? ※refill は「(飲食物の)おかわり」、soft drink は「清涼飲料」の意味です。
☐ コーヒーをもう一杯お願いします。	Another cup of coffee, please. May I have a refill of coffee, please.

第3章 食事・喫茶編

☐ もう少しコーヒーをいただけますか？	**May I have some more coffee?**
☐ これに注ぎ足してもらえますか？	**Would you top this off for me?** ※まだ少し飲み物が残っていても、注ぎ足して一杯にして欲しいときに使うフレーズです。
☐ 醤油をお願いできますか？	**Could I have soy sauce, please?**
☐ 水がこぼれてしまいました。	**I spilt my water.**
☐ ふきんか何かを持ってきていただけますか？	**Could you bring a towel or something?**
☐ フォークが床に落ちてしまいました。	**I dropped my fork.**
☐ 新しいフォークを持ってきていただけますか？	**Would you please bring a new fork?**
☐ 子供用の椅子を1つお願いできますか？	**Could I have a highchair, please?** ※highchair とは、座席の高い子供用の椅子のことを言います。
☐ 補助椅子はありますか？	**Do you have a booster seat?** ※booster seat とは、椅子の上に乗せる子供用の小さな椅子のことを言います。

持ち帰り　Disc 1　48

☐ これは食べきれませんでした。
I couldn't finish this.
I couldn't eat this all.

☐ 持ち帰りにしてもらえますか?
Could I take this home, please?

☐ 持ち帰り袋をいただけますか?
Can I have a take-home box?
I need a take-out container, please.

勘定　Disc 1　49

☐ 勘定をお願いします。
May I have the check?
I'd like the check, please.
Could you bring me the check?

☐ 勘定は別々でお願いします。
Separate checks, please.
We'd like to pay separately.

☐ 勘定は全部一緒にしてください。
We'll all be paying together.

☐ この勘定は間違っていると思います。
I think this bill is wrong.
I'm afraid there's a mistake in this bill.

第3章　食事・喫茶編

□ どこが間違っております でしょうか？	**接客係** **Where is the mistake?**
□ おつりが間違っています。	**This isn't the right change.**
□ おつりが足りないのですが。	**I'm afraid I was short-changed.**
□ ここは私が払います。	**I'll pay here.** **Let me pay here.**
□ これは私のおごりです。	**This is on me.** **This is my treat.**
□ 次回は私がおごりますね。	**I'll get it next time.**
□ 割り勘にしましょう。	**Let's split the bill.** **Let's split it.** ※もちろん it は the bill のことを指しています。 **Let's go fifty-fifty.** ※学習書によっては Let's go Dutch. もよく紹介されていますが、かなり古い表現なので実際にはあまり使われません。
□ 領収書をお願いします。	**I need a receipt, please.** **I'd like a receipt, please.**

2 食事会

飲み会やカラオケにも安心して参加できるように、基本フレーズを覚えておきましょう。

飲みに行く　　　　　　　　　　　　　　Disc 1　50

□ 飲みに行きましょう。

Let's go for a drink.
※go の後に out を付けて、go out for としても OK です。

□ それはいいですね。

That sounds good.

Sounds good to me.

□ ワインにしましょうか？

Shall we have some wine?

How about some wine?

□ どんなワインがありますか？

What kind of wine do you have?

□ ワインはグラスで注文できますか？

Do you serve wine by the glass?

Can I order a glass of wine?

□ 私は生ビールにします。

I'll have a draft beer, please.
※「生ビール」は draft beer と言います。

□ 日本酒は好きですか？

Do you like Japanese rice wine?

Do you like Japanese sake?
※sake は英語では「サケ」よりも「サキ」に近い音で発音されます。

第3章　食事・喫茶編

☐ あなたは酒に強いですか？	**Can you drink a lot of liquor?**
☐ 私は酒に弱いです。	**I can't drink much alcohol.** ※liquor と alcohol は入れ替え可能です。
☐ 私はすぐに酔ってしまいます。	**I get drunk easily.**
☐ 乾杯(かんぱい)しましょう。	**Let's make a toast.** ※make a toast は「乾杯する」の意味です。
☐ 乾杯!	**Cheers!**

カラオケ　　　Disc 1) 51

☐ カラオケに行きましょう。	**Let's go to a karaoke bar.** **Let's go out to karaoke.** ※karaoke は「カラオキ」のように発音されます。
☐ どんな歌が好きですか？	**What kind of songs do you like?**
☐ カラオケではどんな歌を歌いますか？	**What kind of songs do you sing at karaoke?**
☐ カントリー音楽が多いです。	**Mostly country music.**

☐ とても楽しみにしています。	I'm really looking forward to it.
☐ 待ち遠しいです。	I can hardly wait.
☐ あなたは何年度の卒業生ですか？	What year did you graduate? What class were you in?
☐ 私は1997年卒です。	I graduated in 1997. I was in the class of '97.
☐ お互いに年を取りましたね。	We're getting old.
☐ 気持ちは若くないといけません。	We should stay young at heart.
☐ 同窓会に行くたびに昔のことを思い出します。	Whenever I attend a class reunion, I recall the old days. The class reunion always brings back old memories.
☐ 時間がたつのは本当に早いものです。	Time flies so quickly. Time goes by very fast.

- [ ] あっと言う間の 20 年でした。

  Twenty years have flown by.
  Twenty years have rolled by.

- [ ] 私たちの再会に乾杯。

  Here's to our reunion.

- [ ] 私たちの友情に乾杯。

  Here's to our friendship.
  ※「〜に乾杯」には、Here's to 〜のフレーズが便利です。

- [ ] これからも連絡を取り合いましょう。

  Let's keep in touch.

第3章 食事・喫茶編

3 喫茶店・ファーストフード

喫茶店でよく使う表現と、ファーストフード店での独特の表現を知っておきましょう。

喫茶店で　　　　　　　　　　　　　　　Disc 1　53

□この近くに喫茶店はありますか？	Is there a coffee shop around here?
□駅の近くにたくさん喫茶店があります。	There are many coffee shops near the station.
□あそこの喫茶店に入りましょう。	Let's go to the coffee shop over there.
□席は空いていますか？	Do you have a table?
□お席にご案内致しますのでお待ちください。	接客係 Please wait to be seated.
□ただ今満席でございます。	接客係 We're full at the moment.
□待ち時間はどのくらいですか？	How long is the wait?
□ここはおしゃれなお店ですね。	This is a fancy shop, isn't it?

☐ このお店はとても雰囲気がいいです。	**This shop has a really good atmosphere.**	
	The ambience in this shop is really good.	
	※ambience は「雰囲気、ムード」の意味です。	
☐ ここはこじんまりしたいいカフェです。	**This is a nice cozy little cafe.**	
	※cozy は「くつろげる、居心地が良い」の意味で、comfortable の同義語です。	
☐ 何になさいますか？	接客係 **Can I take your order?**	
☐ コーヒーをお願いします。	**Coffee, please.**	
☐ 私も一緒です。	**Me, too.**	
	Same here.	
	The same for me.	
	I'll have the same.	
☐ 他にご注文はありますか？	接客係 **Is there anything else?**	
☐ コーヒーに砂糖やミルクは入れますか？	**Do you take sugar or milk in your coffee?**	
☐ 私はブラックが好きです。	**I like my coffee black.**	

☐ このコーヒーはとてもおいしいです。	This coffee is very good.
☐ このコーヒーはとてもいい香りがします。	This coffee smells very good.

ファーストフード店で　　Disc 1　54

☐ ちょっと何か食べましょう。

Let's get something to eat.

Let's grab something to eat.
※grab は「〜を素早く食べる」の意味です。

☐ どこがいいですか？

Where do you want to go?

☐ ハンバーガーショップはどうですか？

How about a hamburger shop?

Shall we go to a hamburger place?

☐ いいですね。

Sounds good.

I'd like that.

Why not?

☐ いい所を知っています。

I know a good place.

I know just the place.

☐ 今日は私がお昼をおごります。	Lunch is on me today. I'll buy you lunch today. I'll treat you to lunch today.
☐ こちらでお召し上がりですか、それともお持ち帰りですか？	店員 **For here or to go?** ※For を省略して、Here or to go? と言うこともあります。 **Will this be for here or to go?** ※this の代わりに、that を使うこともあります。
☐ ここで食べます。	For here. I'll eat here.
☐ 持ち帰ります。	To go, please. Take out, please.
☐ 何になさいますか？	店員 **What would you like?**
☐ チーズバーガーとフライドポテトをください。	I'll have a cheeseburger and French fries. I'd like a cheeseburger and French fries. ※「フライドポテト」は French fries あるいは fries と言います。
☐ 何かお飲み物はいかがですか？	店員 **Anything to drink?**

第3章 食事・喫茶編

☐ アイスティーをお願いします。	Iced tea, please.	
☐ どのサイズにしますか?	**店員** What size? What size will that be?	
☐ 中サイズをお願いします。	Medium, please.	
☐ これは飲み放題ですよね?	This is all-you-can-drink, right?	
☐ 飲み物はおかわり自由です。	**店員** Refills are free for all drinks. There are free refills on all drinks.	

第4章

ショッピング編

まずは、服売り場を探す→商品を探す→試着する→購入するという流れにそって、ショッピングの基本フレーズを紹介します。服だけにとどまらず、他の商品についても、また食品についても自信を持って買い物ができるよう、ショッピングに役立つさまざまな表現を収録しました。サイズ、色、値段、好みを伝えるフレーズなども充実しています。

1 服を探す・決める

自分が買いたい商品をしっかり手に入れるための基本フレーズです。

売り場を探す

Disc 1 > 55

□ ずいぶんと大きなショッピングモールですね。

This is quite a big shopping mall.

□ 400以上の店舗が入っています。

More than 400 stores are in it.
※アメリカで最も大きなモールは、ミネソタ州ブルーミントンにある The Mall of America です。

□ まずは、どこに行きましょうか？

Where Shall we go, first?

□ 最初に服を見たいです。

I'd like to take a look at clothes, first.

□ こんにちは、いらっしゃいませ。

店員
Hi, may I help you?

Hello, may I help you?

□ 紳士服はどちらですか？

Where are men's clothes?

Where do you have men's wear?
※「紳士服」は men's clothes や men's wear と言います。

☐ 婦人服はどちらですか？	**Where are women's clothes?** **Where do you have women's wear?** ※「婦人服」は women's wear と言います。
☐ スキーウエアはありますか？	**Do you have skiwear?**
☐ 申し訳ありませんが、今はございません。	店員 **I'm sorry, but we don't have any now.**
☐ シーズンは終わっています。	店員 **The season is over.**

他の店を見てくる　　　Disc 1　56

☐ あなたが服を見ている間に、私は別の店に行ってもいいですか？	**While you are looking at clothes, can I go to another shop?**
☐ もちろんです、そうしてください。	**Of course, go ahead.**
☐ 30分後にまた戻ってきます。	**I'll be back in 30 minutes.** **I'll come back in half an hour.**
☐ すみません、書店はどこですか？	**Excuse me, but where is a bookstore?**
☐ 宝石店はどこですか？	**Where is a jewelry store?**

☐ あなたのカラオケの十八番は何ですか?	What's your favorite karaoke song?
☐ あなたは歌がお上手です。	You sing very well. You are a good singer.
☐ 私は歌が下手です。	I sing very badly. I'm a poor singer.
☐ 私は音痴です。	I sing out of tune. I'm tone-deaf. ※tone-deaf は「音痴の」の意味です。
☐ 私はよく音程をはずします。	I often get off-key. ※off-key は「音程の狂った」の意味です。
☐ あなたの番ですよ。	It's your turn. You're up.

同窓会　　　　　　　　　　　Disc 1　52

☐ 来週は同窓会ですね。	We'll have a class reunion next week. ※「同窓会」は class reunion と言います。
☐ 同窓会に参加しますか?	Are you going to the class reunion?

第3章　食事・喫茶編

☐ 電器店はどこですか?	**Where is an electric appliance store?** ※「電器店」は electric appliance store [shop] と言います。
☐ 靴屋はどこですか?	**Where is a shoe store?** ※「靴屋」は shoe store や footwear store と言います。
☐ 靴屋は3軒隣にあります。	店員 **The shoe store is three doors down from here.**
☐ この中にトイレはありますか?	**Do you have a restroom here?**
☐ 店の奥にございます。	店員 **It's in the back of the store.**
☐ 廊下の先にございます。	店員 **It's down the hall.**

商品を探す　　　　　　　　　　　Disc 1　57

☐ 何かお探しでしょうか?	店員 **May I help you?** ※May I help you? は「いらっしゃいませ」のほか、「何かお探しですか?」の意味も表します。 **What can I do for you?** **Can I help you with something?** **Is there something I can help you with?**

☐ ちょっと見ているだけです。	**I'm just looking.** **I'm just browsing.** ※browse は「商品を見て回る」の意味です。
☐ コートを買いたいのですが。	**I'd like to buy a coat.**
☐ スーツを買いたいのですが。	**I'd like to buy a suit.**
☐ どういったものをお探しですか？	店員 **Do you have anything in mind?**

素材について　　Disc 1) 58

☐ これは何の素材でしょうか？	**What is this made of?** ※be made of 〜は「〜の材料で作られている」の意味です。
☐ それはウールです。	店員 **It's made of wool.** ※wool は「ウール」ではなく「ウル」のように発音します。
☐ それは綿です。	店員 **It's made of cotton.**
☐ それはシルクです。	店員 **It's made of silk.**
☐ 革製のジャケットはありますか？	**Do you have leather jackets?**
☐ すぐそこにございます。	店員 **They are right over there.**

第4章　ショッピング編

サイズ・色について

Disc 1　59

☐ これは何号ですか？	**What size is this?**
☐ お客様のサイズは何号ですか？	店員 **What size are you?**
☐ サイズは合っていますか？	店員 **Does it fit?**
☐ サイズが合いません。	**It doesn't fit.**
☐ 私には少し小さ過ぎます。	**It's a bit too small for me.**
☐ ウエストがきついです。	**It's tight around my waist.**
☐ 1つ上のサイズがよいと思います。	**I think I need the next size up.** ※反対に「1つ下のサイズ」であれば、the next size down と言います。
☐ これと同じものでもう少し大きいサイズはありますか？	**Do you have this in a larger size?** **Do you have a bigger one than this?**
☐ 在庫を確認してきます。	店員 **I'll go check the stock.** ※go check は、go and check がくだけた言い方です。
☐ 少しの間お待ちくださいませ。	店員 **Please wait a few minutes.**

□ご用を伺っていますか？	**店員** **Is someone helping you?** **Are you being waited on?** ※wait on ～は「～に仕える」の意味です。	
□すでに手伝っていただいております。	**I'm being helped already.** **Someone is helping me already.**	
□これはいかがでしょうか？	**店員** **How about this one?**	
□これはサイズがぴったりです。	**This is just my size.** **This fits me just right.**	
□これと同じもので赤色はありますか？	**Do you have this in red?**	
□あいにくですが、売り切れています。	**店員** **Sorry, but they are sold out.** ※are の代わりに、have を使うことも可能です。 **I'm sorry, we are sold out.**	
□いつまた入荷しますか？	**When will you have more in stock?** **How soon will you get some more?**	

第4章 ショッピング編

☐ 来週あたりに入荷の予定です。	店員 They will be available sometime next week. More are expected sometime next week.

値段について　　　Disc 1) 60

☐ これはいくらですか？	How much is this?
☐ 30%の割引価格で45ドルです。	店員 With a discount of 30%, it will be 45 dollars.
☐ その値段なら掘り出し物ですね。	It's a real bargain for that price.
☐ ご予算はいくらですか？	店員 What's your budget? What prince range do you have in mind?
☐ 100ドル以下の予算におさえたいと思っています。	I'd like to stay under 100 dollars. 100 dollars is my max. ※ max は maximum の省略形で、「最高限度、上限」の意味です。max の代わりに、limit や ceiling を使うこともできます。
☐ クーポン割引券をお持ちですか？	店員 Do you have a discount coupon?

☐ もう少し安いのを見せてもらえますか？	Could you show me a less expensive one?

商品についての感想

Disc 1) 61

☐ これは安いです。

This is cheap.

This is inexpensive.
※cheap には値段だけでなく、品質や見た目も悪いというニュアンスがあるので使い方に気をつけましょう。inexpensive は価格の安さだけに言及する形容詞です。

☐ これは手頃な値段です。

This is reasonable.

This is affordable.

☐ これはちょっと高いです。

This is a little expensive.

This is a little pricey.
※pricey（値段が高い）は少しくだけた語ですが、よく使われます。

☐ これは悪くありません。

This is not bad.

☐ これは品質が良いです。

This is good quality.

☐ これはおしゃれです。

This is fancy.

This is fashionable.

☐ これは格好いいです。

This is cool.

第4章 ショッピング編

☐ これは派手すぎます。	This is too loud. This is too flashy.
☐ これはダサイです。	This is dweeby. This is tacky. ※dweebyとtackyはともに「ダサイ」の意味です。

試着する　　　　　　　　　　　　　　　　Disc 1) 62

☐ これを試着してもいいですか?	Can I try this on? ※Canの代わりに、Mayを使ってもOKです。
☐ 試着室はどこですか?	Where is the fitting room? Where is the dressing room?
☐ これどうでしょうか?	How does this look? ※文末にon meを付けて、How does this look on me? と言うこともできます。
☐ よくお似合いですよ。	**店員** It looks good on you. ※goodの代わりに、niceやgreatを使うこともできます。 You look nice in that.
☐ それでは、これをお願いします。	Then, I'll take this one. Then, I'd like this, please.

☐ このスーツに合うネクタイが必要です。	**I need a tie to go with this suit.** ※「ネクタイ」は necktie でも OK ですが、会話では tie の方がよく使われます。
☐ いくつかネクタイを持ってきましょうか？	店員 **Shall I bring some ties for you?**

オーダーメイドする　　　　　　　　　　　Disc 1 ） 63

☐ チャイナドレスをオーダーメイドしたいのですが。	**I'd like a custom-made Chinese dress.** ※「チャイナドレス」は Chinese dress や mandarin gown と言います。「オーダーメイド」は和製英語で、正しくは custom-made や made-to-order と言います。
☐ まず生地をお選びください。	店員 **Please choose a fabric, first.**
☐ サイズを測らせていただきます。	店員 **Let me take your measurements.**
☐ いつごろ出来上がりますか？	**When will it be ready?**
☐ 来週の水曜日になります。	店員 **It'll be ready next Wednesday.**
☐ 先にお支払いをお願いできますか？	店員 **Could you pay now?**
☐ これはお客様のお控えです。	店員 **This is your copy of the receipt.**

☐ 1週間後に控えを持ってお越しください。

店員
Please come back with your copy in a week.

2 いろんな商品を購入する

商品の支払いだけでなく、返品や交換、配送なども頼めるようにしておきたいものです。

代金の支払い　Disc 1　64

□レジはどこですか？	Where is the cashier?
□支払いはどこですか？	Where do I pay?
□すみません、レジに誰もおられないのですが。	Excuse me, no one is at the register.
□並んでいらっしゃいますか？	Are you in line?
□あなたがこのレジの列の最後ですか？	Are you the last in line?
□それをプレゼント用に包装していただけますか？	Could you gift-wrap it?

返品・交換・配達　Disc 1　65

□これを返品したいのですが。	I'd like to return this.

第4章　ショッピング編

☐ これは返品できますか？	Can I return this? I was wondering if I could return this.
☐ 未使用であれば、返品可能です。	店員 If you haven't opened it, you can return it. You can return it as long as it's unopened. ※as long as は「〜である限りは」の意味です。
☐ 開封したのですが、返品できますか？	I've already opened it, but could I return it?
☐ それでも返品できますよ。	店員 You can still return it. It's still eligible for return. ※eligible は「資格がある」の意味です。
☐ それは返品のきかない商品です。	店員 It's a non-refundable item. ※non-refundable は「払戻不可の」の意味です。
☐ レシートをお持ちですか？	店員 Do you have the original receipt? ※original は省略しても構いません。
☐ ご購入 20 日以降は返品できません。	店員 You can't return it after 20 days of purchase.

☐ これを交換したいのですが。	I'd like to exchange this.
☐ これを交換してもらえますか？	Could I exchange this, please?
☐ これを別のと交換してもらえますか？	Could I exchange this for another one?
☐ どれに交換されたいのですか？	店員 What would you like to exchange it for?
☐ もっとサイズの大きいものと交換して欲しいのです。	I'd like to exchange it for a larger size.
☐ これを配達していただけますか？	Could you deliver this?
☐ すべての商品を無料で配達致しております。	店員 We deliver all items for free. ※「無料で」は for free や free of charge と言います。 Delivery is free for all items.
☐ 配達は致しておりません。	店員 We don't make deliveries.

☐ 配達先はどちらですか?	**店員** **What address should we deliver this to?** **Where would you like to have this delivered to?**
☐ 自宅です。	**To my home.**
☐ いつ配達していただけますか?	**When will you deliver it?**
☐ 2、3日以内には配達できますが。	**店員** **We can deliver it in a few days.**
☐ この用紙に名前、住所、電話番号をご記入ください。	**店員** **Please write your name, address and phone number on this form.**

3 食品の買い物をする

スーパーマーケットで買い物をするときに便利なフレーズを覚えておきましょう。

スーパーに行く　　　　　　　　　　　　　Disc 1　66

□ 家の近くに大きなスーパーがあります。

There is a big supermarket near my house.
※「スーパー」は super ではなく、supermarket と言います。

□ 今日は大売り出しをやっています。

There is a big sale today.

□ 一緒に食料品を買いに行きましょう。

Let's go grocery shopping together.
※go grocery shopping は「食料品を買いに行く」の意味です。

□ 食料品の買い物にはどのくらいの頻度で行きますか？

How often do you go grocery shopping?

□ 何か買ってきましょうか？

Shall I pick up anything for you?

Do you want me to buy anything for you?

□ パンを一斤とミルクを2パックお願いします。

A loaf of bread and two cartons of milk, please.

第4章 ショッピング編

☐ ここのスーパーの駐車場は広いですね。	This supermarket has a big parking lot.
☐ 大きなカートですね。	These are big carts.
☐ ここのスーパーは少し寒いです。	It's a little cold in this supermarket.
☐ ケチャップはどこに置いてありますか？	Where is the ketchup?
☐ 調味料のコーナーはどこですか？	Where is the spice section?
☐ 乳製品のコーナーはどこですか？	Where is the dairy section?
☐ 5番売り場の中ほどにあります。	店員 It's in the middle of aisle 5. ※ここでの aisle は「スーパーの通路」の意味です。aisle は「アイル」と発音します。
☐ 牛のひき肉を2ポンドくださいますか？	Can I get two pounds of ground beef? ※get の代わりに、have を使っても OK です。ground は「挽いた」の意味です。
☐ この肉はどのくらい日持ちしますか？	How long will this meat stay fresh?

☐ 最低3日は大丈夫なはずです。	**店員** **It should be okay for at least three days.** ※at least は「少なくとも」の意味です。	
☐ アメリカでは食品がとても安いですね。	**Groceries in America are very cheap, aren't they?**	
☐ 日本では食品はとても高いです。	**In Japan, groceries are very expensive.**	
☐ 紙袋にしますか、それともビニール袋にしますか？	**店員** **Paper or plastic?** ※レジで必ず聞かれる質問です。Paper は Paper bag、plastic は plastic bag を意味します。	
☐ 現金払いですか、それともカード払いですか？	**店員** **Cash or charge?** ※これもレジで必ず聞かれる質問です。Cash は「現金」、charge は「クレジットカード」の意味です。	
☐ 小切手で支払います。	**I'll pay by check.**	
☐ どうぞおつりです。	**店員** **Here's your change.**	
☐ たくさん買いましたね。	**You bought a lot, didn't you?**	
☐ 半分持ちましょうか？	**Shall I carry half of it?**	
☐ カートはどこに戻せばよいですか？	**Where should I return the cart?**	

第4章 ショッピング編

単語コラム

食品名

●野菜		●果物	
キャベツ	**cabbage**	リンゴ	**apple**
白菜	**Chinese cabbage**	オレンジ	**orange**
レタス	**lettuce**	レモン	**lemon**
トマト	**tomato**	桃	**peach**
玉ねぎ	**onion**	イチゴ	**strawberry**
キュウリ	**cucumber**	ブルーベリー	**blueberry**
かぼちゃ	**pumpkin** / **squash**	ラズベリー	**raspberry**
ニンジン	**carrot**	梨	**pear**
ほうれん草	**spinach**	パイナップル	**pineapple**
カリフラワー	**cauliflower**	バナナ	**banana**
ブロッコリー	**broccoli**	ブドウ	**grape**
じゃがいも	**potato**	グレープフルーツ	**grapefruit**
ピーマン	**green pepper**	キウイ	**kiwi fruit**
大根	**radish**	サクランボ	**cherry**
なす	**eggplant**	メロン	**melon**
セロリ	**celery**	スイカ	**watermelon**
にんにく	**garlic**	スモモ	**plum**
アボカド	**avocado**	マンゴ	**mango**

第5章

空港・機内・ホテル編

空港では搭乗手続き、入国審査、税関で使う表現、機内では機内食をはじめとする客室乗務員とのやり取り、ホテルではチェックイン、チェックアウトのほか、ホテルが提供するさまざまなサービスを利用するときに重宝する表現が満載です。

1 出発する空港で

搭乗手続きの際に使うフレーズは決まっているので、しっかりと覚えておきましょう。

搭乗手続き

Disc 1 〉67

☐ 搭乗手続きはどちらですか?

Where can I check in?

空港係員

☐ あちらのカウンターです。

At the counter over there.

☐ 搭乗手続きは何時からですか?

When can I check in?

空港係員

☐ 搭乗手続きは2時半からです。

Check-in will begin at 2:30.

We will begin boarding procedures at 2:30.

※「搭乗手続き」は check-in のほか、boarding procedures とも言います。

カウンター係員

☐ パスポートと航空券を見せていただけますか。

May I see your passport and plane ticket?

Could you show me your passport and airline ticket?

※「航空券」は plane ticket や airline ticket と言います。この場合は単に ticket と言っても通じます。

□ はいどうぞ。	**Here you are.** **Here you go.** **Here they are.** ※複数のものを渡すときには Here they are. となり、単数のものを渡すときには Here it is. となります。
□ お座席のご希望はございますか?	カウンター係員 **Do you have any preferences as to your seat?** ※as to ～は「～に関しては」の意味です。
□ 通路側の席をお願いします。	**I'd like to have an aisle seat.** ※この場合の aisle は「乗り物の通路」の意味です。
□ 窓側の席をお願いします。	**I'd like to have a window seat.**
□ 預ける荷物はありますか?	カウンター係員 **Do you have any baggage to check?** ※「手荷物」は baggage（米）や luggage（英）と言います。check の後に in を付けても OK です。
□ 荷物はいくつお預けになりますか?	カウンター係員 **How many bags would you like to check in?** ※「預け入れ荷物」は check-in baggage や checked baggage と言います。
□ 荷物をこちらに置いてください。	カウンター係員 **Put your bags here, please.**
□ それも預けるのですか?	カウンター係員 **Will you check that in?**

第5章 空港・機内・ホテル編

□いいえ、これは持ち込み手荷物です。	**No, this is a carry-on.** ※carry-on は「機内持ち込み手荷物」の意味です。もちろん carry-on luggage と言っても構いません。hand luggage とも言います。
□荷物はいくつまで持ち込みできますか？	**How many items of carry-on baggage are permitted?** ※permitted の代わりに、allowed を使うこともできます。
□荷物は2つまで持ち込みができます。	カウンター係員 **You are permitted two carry-on items.**
□搭乗は何時からですか？	**What is the boarding time?** ※What の代わりに、When を使っても OK です。 **When do we board?** **What time do you start boarding?**
□搭乗は4時20分からです。	カウンター係員 **We will begin boarding at 4:20.**
□何番ゲートですか？	**What's the gate number?** **What gate do I board at?**
□8番ゲートから出発します。	カウンター係員 **It departs from Gate 8.**

セキュリティー検査　　　Disc 1 ） 68

□ 貴重品は中に入っていませんか？

空港係員
Do you have any valuables inside?

□ 刃物類をお持ちでしょうか？

空港係員
Do you have any sharp objects in there?

※in there は「その中に」の意味です。

□ 液体のものをお持ちでしょうか？

空港係員
Do you have any liquids in there?

□ ノートパソコンやデジカメなどはトレイに入れてください。

空港係員
Please put any laptops and cameras in the tray.

□ 荷物を拝見させていただきます。

空港係員
Let me take a look in your bag.

I need to examine your bag.

□ これは機内に持ち込むことはできません。

空港係員
You can't bring this on the plane.

This is prohibited on board.

免税店　　　Disc 1 ） 69

□ 免税店はどこにありますか？

Where is a duty-free shop?

※「免税店」は duty-free shop と言います。

□ この先をまっすぐ行って右に1つあります。

空港係員
There's one up ahead on the right.

第5章 空港・機内・ホテル編

□ すぐに分かりますよ。	空港係員	You can't miss it.
		You won't miss it.
□ これらはすべて免税品ですか？		Are these all duty-free?
□ 今日は全商品1割引です。	店員	All items are 10% off today.

搭乗する　　　　　　　　　　　　　　　　　Disc 1 ⟩ 70

□ 8番ゲートはどこですか？　　Where is Gate 8?

□ このゲートであっていますか？　　Is this the right gate?

□ お客様の搭乗ゲートは8番ゲートから12番ゲートに変更されました。　　Your boarding gate has been changed from Gate 8 to Gate 12.

□ この便は定刻に出発しますか？　　Will this flight leave on time?
※leave の代わりに、depart を使ってもOKです。

□ そろそろ搭乗開始でしょうか？　　Are you about to start boarding?

□ まもなく搭乗を開始致します。　　We will start boarding shortly.

☐ パスポートと搭乗券を見せてください。

May I see your passport and boarding pass, please?

※「搭乗券」は boarding pass と言います。

単語コラム

空港関連①

空港バス	**airport bus**
航空運賃	**air fare**
フライト	**flight**
便名	**flight number**
チェックインカウンター	**check-in counter**
手荷物	**baggage**(米) **luggage** (英)
機内持ち込み手荷物	**carry-on baggage**
国内線	**domestic service**
国際線	**international service**
ターミナル	**terminal**
時刻表	**timetable**
乗客	**passenger**
目的地	**destination**
出発時刻	**departure time**
到着時刻	**arrival time**
搭乗時刻	**boarding time**
搭乗口	**boarding gate**
搭乗券	**boarding pass**
パスポート	**passport**
免税店	**duty-free shop**

2 飛行機

機内でできるだけ快適に過ごすために、基本フレーズを上手に活用しましょう。

機内での会話　　　　　　　　　　　　　　　　Disc 1　71

□ 私の席はどこですか？

Where is my seat?

□ こちらの通路を行って左側です。　【客室乗務員】

Down this aisle, to your left.

□ すみません、ここは私の席のようですが。

Excuse me, I think you're in my seat.

※you're in の部分は you're sitting in と言っても OK です。

Excuse me, I think this is my seat.

□ えっ、そうですか？すみません。

Oh, really? Sorry about that.

□ すみませんが、席を変わっていただけませんか？

Excuse me, but would you mind trading seats with me?

□ 荷物は頭上の棚の中にお入れください。　【客室乗務員】

Please put your baggage in the overhead compartments.

※「(機内の)上の荷物入れ」は overhead compartment や overhead bin と言います。

☐ 小さな荷物は座席の下に置いてもいいですよ。	**客室乗務員** **You can put your small bags underneath the seat.** ※put の代わりに、stow もよく使われます。	
☐ シートベルトをお締めください。	**客室乗務員** **Please fasten your seatbelts.** **Please put your seatbelts on.** ※乗客全体に対するアナウンスの場合は複数形の seatbelts を、個々の乗客に対しては単数形の seatbelt を使います。	
☐ 座席を元の位置にお戻しください。	**客室乗務員** **Please put your seats back in the upright position.** **Please bring your seats back to the upright position.**	
☐ テーブルを元の位置にお戻しください。	**客室乗務員** **Please put up the table tops.** **Please put your tray tables up.**	
☐ 新聞をご覧になる方、いらっしゃいますか？	**客室乗務員** **Does anyone want a newspaper?**	
☐ 日本語の新聞はありますか？	**Do you have any Japanese newspapers?**	
☐ 毛布をいただけますか？	**May I have a blanket?**	

第5章 空港・機内・ホテル編

☐ 毛布をもう一枚いただけますか？	May I have another blanket?
☐ 枕をいただけますか？	May I have a pillow?
☐ このイヤホンは聞こえません。	These earphones are not working.
☐ すぐに新しいのとお取り替え致します。	客室乗務員 I'll get you some new ones right away.
☐ 免税品はいかがですか？	客室乗務員 Does anyone want to buy duty-free items?
☐ すみません、お宅の息子さんが私の席を蹴っています。	Excuse me, your son is kicking my seat.
☐ やめさせてくださいますか？	Could you make him stop that?
☐ あとどのくらいで離陸しますか？	How soon are we taking off?
☐ あとどのくらいで着陸しますか？	How soon are we landing?
☐ あと約3時間です。	客室乗務員 In about three hours.
☐ あと6時間です。	客室乗務員 We have another six hours to go.

☐ 実際の飛行時間はどのくらいですか？	What's the actual flying time?
☐ 飛行機は予定通り到着しますか？	Is the plane on time?
☐ この便は遅れていますか？	Is this flight delayed?
☐ いいえ、定刻に到着の予定です。 **客室乗務員**	No, we are arriving on schedule. ※on schedule は「予定通りに」の意味で、on time と同じです。
☐ 今、現地時間は何時ですか？	What's the local time now?
☐ 入国カードと税関申告書が必要な方はいらっしゃいますか？ **客室乗務員**	Does anyone need immigration forms or customs declaration forms? ※「入国カード」は immigration form [card] や disembarkation card、「税関申告書」は customs declaration form と言います。
☐ 両方とも頂けますか？	May I have both? Could you give me both?
☐ この書類の記入の仕方を教えてもらえますか？	Could you tell me how to fill in this form?

| □ 機内雑誌の中に書かれている記入例をご参照ください。 | **客室乗務員**
Please refer to the example in the in-flight magazine.
※refer to ～は「～を参照する」の意味です。 |

機内食　　　　　　　　　　　　　　　　　　　　　　Disc 1　72

| □ お飲み物は何がよろしいですか？ | **客室乗務員**
What would you like to drink? |

| □ 何かお飲み物はいかがですか？ | **Would you like something to drink?** |

| □ チキンとビーフのどちらがよろしいですか？ | **客室乗務員**
What would you like, chicken or beef?

Would you like chicken or beef?
※機内食には、これ以外にも vegetarian（菜食）や kosher（ユダヤ教の食事）などもあります。 |

| □ ビーフをお願いします。 | **Beef, please.** |

| □ コーヒーやお茶はいかがですか？ | **客室乗務員**
Would you like tea or coffee? |

| □ コーヒーをください。 | **Coffee, please.** |

| □ ミルクと砂糖はいかがですか？ | **客室乗務員**
Cream or sugar?
※「ミルク」のことは cream と言います。 |

□ ミルクだけください。	Just cream, please.	
□ コーヒーをもう少しお願いします。	Can I have some more coffee?	
□ すぐにお持ち致します。	**客室乗務員** I'll be right back. ※文末に with that を付けて言うこともあります。	
□ 食事はお済みでしょうか?	**客室乗務員** Are you finished eating?	
□ はい、下げてください。	Yes, could you take this away?	
□ いいえ、まだ食べています。	No, I'm still eating. No, I'm not finished yet.	

第5章 空港・機内・ホテル編

単語コラム

航空関連

機長	captain
操縦室	cockpit
客室乗務員	flight attendant
乗員	crew
乗客	passenger
機内サービス	in-flight service
機内映画	in-flight movie
機内誌	in-flight magazine
機内販売	in-flight sales
免税品	duty-free goods
座席	seat
座席番号	seat number
通路側の席	aisle seat
窓側の席	window seat
頭上の荷物入れ	overhead compartment / overhead bin
枕	pillow
毛布	blanket
非常口	emergency exit
救命胴衣	life vest
酸素マスク	oxygen mask

3 到着した空港で

入国審査係官や税関職員との会話をスムーズに行うための重要表現を覚えましょう。

入国審査　　Disc 1　73

□パスポートと入国カードを見せていただけますか？	係官 Can I see your passport and immigration form, please?
□はいどうぞ。	Here you are.
□どこから来ましたか？	係官 Where are you from?
□日本から来ました。	I'm from Japan.
□入国目的は何ですか？	係官 What's the purpose of your visit?
□観光です。	Sightseeing.
□仕事です。	Business.
□休暇です。	Vacation.
□友達を訪問するためです。	To visit my friend.
□短期留学です。	Short study-abroad program.

第5章　空港・機内・ホテル編

	係官
☐ 滞在期間はどれくらいですか?	How long will you be staying?

☐ 約3週間です。 　　For about three weeks.

☐ どこに滞在しますか?　【係官】 Where are you staying?

☐ ダウンタウンにあるABC Hotelです。　At the ABC Hotel downtown.

☐ 友達の家です。　At my friend's house.

☐ その住所を教えてください。　【係官】 What's the address there?

☐ 帰りの航空券は持っていますか?　【係官】 Do you have a return ticket?

税関申告　　　　　　　　　　　　　　　Disc 1　74

☐ 申告するものはありますか?　【係官】
Anything to declare?

Do you have anything to declare?

☐ いいえ、申告するものはありません。
No, nothing.

No, I have nothing to declare.

☐ 果物や植物を持っていますか?　【係官】 Do you have any fruit or plants?

	係官
□ありがとうございました。お進みください。	Thank you. You may go. Thank you. Move along, please.

荷物を受け取る　　　　　　　　　　Disc 1　75

□手荷物はどこで受け取るのでしょうか?	Where can I get my baggage?
□飛行機の便名は何ですか?	空港係員 What's the carrier and flight number?
□デルタ航空の924便です。	It's Delta, Flight 924.
□924便の手荷物受取所はどこですか?	Which baggage claim area is for Flight 924? ※「手荷物受取所」は baggage claim area と言います。
□3番のコンベヤーです。	空港係員 It'll be carousel number 3. ※carousel は「手荷物受取コンベヤー」のことです。つまり、baggage claim area（手荷物受取所）のことを指しています。
□私の荷物が出てきません。	My baggage hasn't come out.
□私の荷物が見当たりません。	I can't find my baggage.
□私の荷物がなくなってしまいました。	My baggage is missing.

第5章　空港・機内・ホテル編

☐ これが私の手荷物引換証です。	**Here's my claim tag.** ※「手荷物引換証」は、(baggage) claim tag と言います。
☐ すぐに調べてください。	**Please check on it immediately.**
☐ どんな種類のお荷物ですか？	空港係員 **What kind of luggage was it?** ※日本語では現在時制になっていますが、英語では過去時制になっていることに注意しましょう。
☐ 目立つ特徴は何かありますか？	空港係員 **Did it have any standout features?** ※standout は「特筆すべき」の意味です。
☐ 何色ですか？	空港係員 **What color was it?**
☐ オレンジ色の中サイズのスーツケースです。	**It was a medium size, orange suitcase.**
☐ これがあなたのお荷物でしょうか？	空港係員 **Is this your luggage?**
☐ はい、それです！	**Yes, this is it!**
☐ 本当にありがとうございました。	**Thank you so much.**
☐ おかげで助かりました。	**You saved my day.**

□ スーツケースをちょっと見ておいてもらえますか？

Would you please keep an eye on my suitcase?

※トイレに行きたいときなど、自分の荷物を家族や友達に見ておいて欲しい場合に使えるフレーズです。

単語コラム

空港関連②

入国審査	immigration
入国カード	immigration form
出国	embarkation
入国	disembarkation
税関	Customs
税関申告書	customs declaration form
税関検査	customs inspection
検疫	quarantine
手荷物受取コンベヤー	baggage carousel
手荷物受取所	baggage claim area
手荷物引換証	baggage claim tag
遺失物取扱所	lost and found
両替所	foreign exchange
乗り継ぎ便	connecting flight

第5章 空港・機内・ホテル編

4 ホテル

ホテルでの宿泊を楽しむために、ここで紹介する必須フレーズを使ってみましょう。

ホテルに向かう

Disc 1　76

□ どの電車がダウンタウンに行きますか？

Which train line goes downtown?

※train を省略して、Which line としても OK です。
「ダウンタウン（街中）に行く」は go downtown と言います。go to downtown としないように気をつけましょう。

□ どのバスがダウンタウンに行きますか？

Which bus goes downtown?

□ どうやってダウンタウンに行けばよいですか？

How do you think I should get downtown?

□ タクシーで行くのがいいでしょう。

I suggest you go by taxi.

□ ダウンタウンまでの料金はどれくらいですか？

How much does it cost to go downtown by taxi?

What's the taxi fare to downtown?

※fare は「運賃」の意味です。

□ 20ドルくらいです。

It'll be about 20 dollars.

□ トランクを開けてください。

Could you open the trunk?

	タクシー運転手
□ どちらまで?	**Where to?**

□ ダウンタウンにあるスター・ホテルへ行ってください。	**To the Star Hotel downtown, please.** **Please take me to the Star Hotel downtown.**

□ ホテルまでどのくらい距離がありますか?	**How far is it from here to the hotel?**

□ ホテルまでどのくらい時間がかかりますか?	**How long does it take to get to the hotel?**

	タクシー運転手
□ 渋滞でなければ15分くらいでしょう。	**It'll be about 15 minutes if there's no traffic.**

	タクシー運転手
□ スター・ホテルに着きました。	**Here we are, the Star Hotel.** ※目的地に到着したときに、Here we are. と言います。

□ いくらですか?	**How much is it?**

	タクシー運転手
□ 25ドルです。	**That will be twenty-five dollars.**

□ 領収書をください。	**Give me a receipt, please.**

第5章 空港・機内・ホテル編

☐ おつりはいりません。	**Keep the change.**
	You can keep the change.

※タクシーに乗るときもチップが必要なので、通常はおつりをチップにあてます。

☐ トランクから私のスーツケースを降ろしてもらえますか？	**Would you take out my suitcase from the trunk?**

ホテルのチェックイン・チェックアウト 〉Disc 1 〉77

☐ チェックインをお願いします。	**I'd like to check in, please.**
☐ チェックインは何時からですか？	**What time do you start check-in?**
☐ チェックアウトは何時ですか？	**What is the checkout time?**
	What time is check-out?
☐ ご予約はなさっていますか？	フロント係 **Do you have a reservation?**
☐ はい、予約してあります。	**Yes, I have a reservation.**
☐ お名前をいただけますか？	フロント係 **May I have your name, please?**

☐ シングルルームで2泊ですね?	**フロント係** You'll be staying in a single room for two nights, right?	

☐ 予約していないのですが、今晩空いている部屋はありますか?

I don't have a reservation, but do you have any vacancies tonight?

I haven't made a reservation, but are there any rooms available tonight?

☐ 空いている部屋はいくつかあります。

フロント係
We still have some vacant rooms.

There are some rooms available.

☐ 1泊いくらですか?

What's the rate per night?

How much is it for one night?

How much do you charge a night?

☐ 部屋のご要望はありますか?

フロント係
Do you have any room requests?

☐ 海向きの部屋をお願いします。

I'd like an ocean-view room.

I'd like a room with an ocean view.

※「山向きの部屋」の場合には、ocean の部分を mountain に変えるだけで OK です。

第5章 空港・機内・ホテル編

□ 申し訳ありませんが、本日は満室です。	**フロント係** I'm sorry, all rooms are full today. I'm sorry, we are booked up today. ※booked up は「予約でいっぱいで」の意味です。
□ こちらの宿泊カードに記入していただけますか？	**フロント係** Would you fill out this registration form, please?
□ こちらがお部屋のカギです。	**フロント係** Here's your room key.
□ これを部屋に運んでいただけますか？	Could you bring this to my room for me?
□ どうも、これはチップです。	Thanks, and here's a tip. Thank you, and here's a little something. ※荷物を運んでくれたベルボーイには、通常1つの荷物につき1ドル程度のチップを渡します。
□ チェックアウトをお願いします。	I'm checking out now. I'd like to check out, please.
□ お部屋は何号室ですか？	What's your room number?
□ お支払いはどうなさいますか？	**フロント係** How would you like to pay? How will you pay for this?

☐ クレジットカードで支払います。	**I'll pay by credit card.**
☐ 現金で支払います。	**I'll pay in cash.** ※in cash の代わりに、with cash や by cash と言うこともできます。
☐ トラベラーズチェックは使えますか？	**Can I use traveler's checks?** **Can I pay with traveler's checks?** **Do you accept traveler's checks?** ※accept の代わりに、take を使うこともできます。
☐ トラベラーズチェックで支払います。	**I'll pay with traveler's checks.**
☐ レシートをどうぞ。ありがとうございました。	**Here's your receipt. Thank you.**
☐ 行ってらっしゃいませ。	〈フロント係〉 **Have a nice day!**
☐ またのお越しをお待ちしております。	**I hope you enjoyed your stay.** **Please come again.** ※このような日本語独特の表現は英訳しにくいものです。通常は宿泊客が帰る際、フロント係はこのように言うものです。

ホテルの食事　　　　　　　　　　　　　　Disc 1　78

☐ 朝食は何時からですか？	**What time does breakfast start?**

第5章　空港・機内・ホテル編

	フロント係
☐ 朝食は朝7時から9時30分までです。	**Breakfast is from 7:00 to 9:30.**

☐ 朝食のレストランは何階ですか? — **What floor is the breakfast restaurant on?**

☐ 朝食は何階ですか? — **What floor is breakfast served on?**
※What floor は Which floor と言ってもOKです。

	フロント係
☐ 朝食はバイキング形式になっています。	**Breakfast is an all-you-can-eat buffet.**
	Breakfast is buffet style.

☐ 日本料理のレストランはありますか? — **Do you have a Japanese restaurant?**

	フロント係
☐ はい、最上階にあります。	**Yes, it's on the top floor.**

ホテルの設備・サービス　　Disc 1　79

☐ 両替はどこでできますか? — **Where can I change money?**

	ホテル従業員
☐ フロントの右隣です。	**Next to the front desk on the right.**

☐ 貴重品はどうすればよいですか? — **What should I do with my valuables?**
※「貴重品」は valuables (必ず複数形) と言います。

☐ 貴重品はどこに預ければよいですか？	Where can I keep my valuables?
☐ 貴重品はフロントに預けることができます。	**ホテル従業員** You can deposit your valuables at the front desk. ※deposit は「（貴重品などを）預ける」の意味です。
☐ 貴重品は部屋の貸金庫に保管することができます。	**ホテル従業員** You can keep valuables in the safe-deposit box in your room. ※「貸金庫」は safe-deposit box と言います。
☐ エアコンの調子が悪いのですが。	The air-conditioner isn't working. Something is wrong with the air-conditioner.
☐ テレビがつかないのですが。	The TV set doesn't work. I can't get any picture on the TV.
☐ トイレの水が流れないのですが。	The toilet doesn't flush.
☐ シャワーからお湯が出ません。	The shower doesn't have hot water. There's no hot water in the shower.
☐ 修理の人を呼んでいただけますか？	Could you send someone to fix it?

第5章　空港・機内・ホテル編

☐ 鍵を部屋の中に入れたままドアを閉めてしまいました。	I'm locked out. I've locked myself out.
☐ どなたかに来てもらって、部屋を開けていただけますか?	Could you send someone up to open the door?
☐ このホテルに日本語を話せるスタッフはいますか?	Do you have Japanese-speaking staff in this hotel?
☐ 私宛てに伝言が届いていますか?	Are there any messages for me?
☐ 2時まで荷物を預かっていただけますか?	Would you keep my baggage until two o'clock?

※チェックアウト後、ある時まで荷物をフロントで預かって欲しいときに使う表現です。

部屋で受けるサービス　　Disc 1　80

☐ 明日朝7時にモーニングコールをお願いします。	I'd like a wake-up call tomorrow at 7 o'clock. I'd like to have a wake-up call at seven tomorrow.
☐ 日本に国際電話をかけたいのですが。	I'd like to make an international call to Japan.

☐ 日本へコレクトコールをしたいのです。	I'd like to make a collect call to Japan.
☐ 洗濯物をお願いしたいのですが。	I'd like to have my laundry done. I'd like to have my clothes washed, please.
☐ 洗濯物はいつ仕上がりますか？	When will my laundry be ready?
☐ もしもし、こちらは218号室です。	Hello, this is Room 218.
☐ ルームサービスで注文したいのですが。	I'd like to order something from room service.
☐ コーヒーを2杯持ってきてください。	Please bring me two coffees. I'd like to have two coffees delivered, please.

単語コラム

ホテル関連

支配人	manager	宿泊申込書	registration form
フロント	front desk	勘定書	bill
コンシェルジュ	concierge	シングルルーム	single room
ドアマン	doorman	スイートルーム	suite
ベルボーイ	bellboy	エアコン	air conditioner
メイド	maid	火災報知器	fire alarm
予約	reservation	貴重品	valuables
前金	deposit	貸金庫	safe deposit box
クロークルーム	cloakroom	電話交換手	operator
クローゼット	closet	内線番号	extension number
宴会場	banquet room	モーニングコール	wake-up call
サービス料	service charge	国際電話	overseas call / international call
サイン(署名)	signature		

第6章

交通編

交通機関を利用するときに使う必須フレーズを紹介します。飛行機、電車、バスについては切符を購入したり、乗り場を聞いたりする常用表現が中心です。海外旅行中に特に利用する頻度の高いタクシーについては、行き先の指定のほか、運転手とのトラブル解消フレーズも紹介しています。

1 航空券を確保する

航空券は購入だけでなく、予約の再確認までできるようにしておきましょう。

航空券を買う　　Disc 1) 81

- 航空券はどこで購入すればよいでしょうか？
  Where can I buy an airline ticket?

- 旅行会社に頼むのが一番無難でしょう。
  A travel agency would be the safest.

- インターネットでも購入できます。
  You can also buy it on the Internet.

- 空港のカウンターでも購入できます。
  You can also buy it at the airline counter.

フライトの予約再確認をする　　Disc 1) 82

- 予約の再確認は必要ですか？
  Do I need to reconfirm my flight reservation?

- 再確認はしておいた方が安全です。
  航空会社
  It would be safe to get a reconfirmation.

- いつすればよいのですか？
  When should I do that?

☐ 出発の 72 時間前に便の予約の再確認をしてください。	航空会社 **Please reconfirm your flight reservation 72 hours before departure.**
☐ 予約の再確認をお願いします。	**I'd like to reconfirm my reservation.**
☐ 7月10日の724便の航空機です。	**It's for flight number 724 on July 10.**
☐ お名前、生年月日、パスポート番号を教えてくださいますか?	航空会社 **May I ask your name, date of birth and passport number?**
☐ 名前は山下ケンジです。	**My name is Kenji Yamashita.**
☐ つづりを教えていただけますか?	航空会社 **How do you spell that?** **Could you spell that, please?** ※ 自分の名前のスペルを言うときには、ゆっくりはっきりと It's "K-E-N-J-I Y-A-M-A-S-H-I-T-A". と言いましょう。
☐ KeyのKですか?	航空会社 **K as in Key?** ※ 名前のスペルが聞き取れなかった場合に、聞き直すときの言い方です。Aであれば、A as in Apple? のように言います。
☐ 生年月日は1985年11月8日です。	**My birthday is November 8, 1985.**

第6章 交通編

□ お客様の座席は確保
致しました。

【航空会社】
Your seat has been confirmed.

We have now confirmed your reservation.

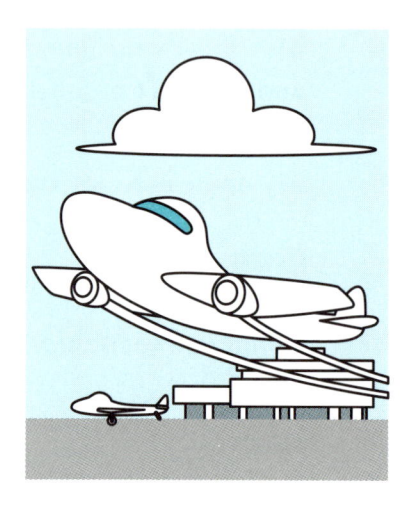

2 電車・バスに乗る

切符の購入は交通機関を利用する第一歩です。自分の要望を正確に伝えましょう。

電車・バスの切符を買う　　Disc 1　83

☐ この近くに駅はありますか？	Is there a train station around here?
☐ 電車の切符はどこに売っていますか？	Where do they sell train tickets?
☐ あそこの切符売り場が見えますか？	Do you see that ticket office over there?
☐ すぐそこの切符販売機でも買うことができます。	You can also buy a ticket from the ticket machine right over there.
☐ ボストン行きの電車の切符を1枚くださいますか？	Can I have a ticket to Boston, please?
☐ 時刻表をもらえますか？	May I have a timetable?
☐ 2時20分発の列車をご希望ですか？	駅員 Would you like to go on the 2:20 train?

第6章　交通編

☐ 次の電車は何時発ですか？	**When does the next train leave?** ※leave の代わりに、depart も使えます。 **What time is the next train?**
☐ 最終列車は何時に出ますか？	**What time does the last train leave?**
☐ この電車は普通ですか、それとも急行ですか？	**Is this train a local or an express?**
☐ すみませんが、バス乗り場はどこですか？	**Excuse me, but where is the bus depot?** ※bus depot は「バス発着所、バスターミナル」の意味です。なお、「バス停留所」のことは bus stop と言います。
☐ シカゴ行きの直行バスはありますか？	**Is there a bus that goes to Chicago directly?**
☐ 次のシカゴ行きのバスは何時ですか？	**What time is the next bus to Chicago?** **When does the next bus to Chicago leave?**
☐ 次のバスは何時発ですか？	**What time is the next bus?** **When does the next bus leave?**

☐ 4時50分発シカゴ行きの切符をくださいますか？	**Can I have a ticket for the 4:50 Chicago-bound bus?** ※bound は「〜行きの」の意味です。
☐ バスが来ましたよ。	**Here's the bus.** **Here comes the bus.**

行き先を確かめる　　　　　　　　Disc 1 ） 84

☐ ボストン行きの電車は何番線から出ますか？	**What platform does the train for Boston leave from?** **From which track does the train for Boston leave?**
☐ これはボストン行きの電車ですか？	**Does this train go to Boston?** **Is this the train for Boston?** ※前置詞の for は「方向」、to は「到着点」を表すという微妙なニュアンスの違いがあります。しかし日常会話ではそれほど区別して使われることはなく、Is this the train to Boston? と言ってもOKです。 **Is this the train bound for Boston?**
☐ ボストンへ行くのはこの電車でよいのですか？	**Is this the right train for Boston?**

第6章 交通編

☐ ちょっと詰めていただけますか？	**Would you make some room for me, please?**
	Could you move over so I could sit? ※move over の代わりに、move aside と言っても OK です。
	May I squeeze myself in?
☐ この席は空いていますか？	**Is this seat taken?**
	Is anyone sitting here?
☐ ボストンまであと何駅ですか？	**How many stops until Boston?** ※until の代わりに、to を使っても OK です。
	How many stops away is Boston?
☐ このバスはシカゴ行きですか？	**Does this bus go to Chicago?**
	Is this the bus bound for Chicago? ※bound を取って、the bus for Chicago としても OK です。
☐ シカゴに着いたら教えていただけますか？	**Could you let me know when we reach Chicago?** ※reach の代わりに、get to を使うこともできます。

3 タクシーを利用する

行き先を伝えれば一安心。しかし、万が一のトラブルにも対応できなければいけません。

タクシーに乗る

Disc 1　85

□ タクシー乗り場はどこですか?	**Where is the taxi stand?** ※「タクシー乗り場」は taxi stand と言います。
□ この近くにタクシー乗り場はありますか?	**Is there a taxi stand around here?** ※around here の代わりに、near here や nearby と言っても OK です。
□ ちょうど通りの向かいにあります。	**It's just across the street.**
□ すぐこの先にあります。	**It's just down the street.**
□ タクシーはどこで拾えますか?	**Where can I catch a taxi?** ※catch の代わりに、get を使っても OK です。 **Where can I grab a cab?** ※アメリカでは taxi のことを cab とも言います。
□ タクシーを呼んでいただけますか?	**Could you call me a taxi?** **Could you get a taxi for me?**
□ どちらまで?	〈タクシー運転手〉 **Where to?** **Where do you want to go?**

第6章　交通編

☐ 州立動物園までお願いします。	**The State Zoo, please.**	
	Would you take me to the State Zoo?	

☐ この住所まで行ってもらえますか？

Could you take me to this address?

☐ ここで結構です。

This'll do.

Here is good.

You can drop me off here.
※タクシーから降ろしてもらうときの表現です。drop の代わりに、let を使っても OK です。

乗車中のトラブル　　　　　　　　　　　　　　Disc 1) 86

☐ この道であっていますか？

Is this the right road?

☐ これは遠回りじゃありませんか？

Isn't this the long way there?

Isn't this a roundabout way?
※roundabout は「遠回りの」の意味です。

☐ メーターが回っていませんが。

The meter isn't running.
※「タクシーの料金メーター」は taximeter と言います。

☐ あまりスピードを出さないでください。

Don't go so fast.

☐ ホテルに引き返してもらえますか? 忘れ物をしたのです。

Could you take me back to the hotel? I forgot something.

単語コラム

交通関連

高速道路	freeway / expressway
幹線道路	highway
交通渋滞	traffic jam
車線	lane
駐車場	parking lot
交通公共機関	public transportation
運賃	fare
電車	train
駅	(train) station
地下鉄	subway / metro
改札口	ticket gate / ticket wicket
時刻表	timetable
バス・ターミナル	bus terminal / bus depot
バス停	bus stop
観光バス	sightseeing bus
タクシー乗り場	taxi stand
交通標識	traffic sign
道路標識	street sign / road sign
制限速度	speed limit
バイパス	by-pass
一方通行	one-way traffic
信号	traffic light
歩道	sidewalk
横断歩道	crosswalk / pedestrian crossing
交差点	intersection
歩道橋	pedestrian overpass
トンネル	tunnel
行き止まり	dead end

第7章

観光・レジャー編

道を聞く、ツアーに参加する、写真を撮ってもらう、といった観光で必須のフレーズを中心に紹介します。さまざまなレジャーを楽しむためのフレーズも大切です。さらに、お金と両替についての表現もまとめて収録しています。

1 地図と道順

市内観光に地図は必須アイテムです。地図を手にして、街に繰り出しましょう。

地図を入手する　　　　　　　　　　　　　　Disc 2　1

- どこで観光地図をもらえますか？
  Where can I get a tourist map?

- 観光案内所に行けばもらえますよ。
  You can get one at the tourist information center.
  ※「観光案内所」は tourist information center や tourist bureau と言います。

- 観光案内所はどこですか？
  Where is the tourist information center?

- 無料の観光地図はありますか？
  Do you have free tourist maps?

- 無料の道路地図はありますか？
  Do you have free road maps?

行き先を聞く　　　　　　　　　　　　　　Disc 2　2

- ここはどこでしょうか？
  Where am I?
  ※自分のいる現在地が分からないときに使います。誰かと一緒にいる場合には Where are we? と言います。

- 不案内なもので、分かりません。
  I don't know. I'm not from here.

☐ 私もこの辺りは不案内なのです。	I'm a stranger here myself.
☐ ドリーム劇場への道を教えていただけますか?	Could you tell me the way to the Dream Theater?
☐ 自然史博物館はどちらか教えていただけますか?	Could you tell me where the Natural History Museum is?
☐ この道を真っすぐ行って右側にあります。	Go straight and it'll be on you right. Go straight down this street until you see it on your right.
☐ まっすぐ3ブロック行って、次の角を右へ曲がってください。	Go straight three blocks and turn right at the next corner.
☐ 信号を2つ越えたら、次の道を右へ曲がってください。	Pass two stop lights and turn right at the next street. ※「信号」は stop light、もっと簡単に light とも言います。
☐ 2番目の交差点を左へ曲がってください。	Turn left at the second intersection. ※「交差点」は intersection と言います。
☐ このまま真っすぐ行ってよいのでしょうか?	Can I continue in this direction?
☐ そこへ行くのにこの道であっていますか?	Is this the right way to get there?

第7章 観光・レジャー編

☐ どちらの方向に行けばよいでしょうか？	**In which direction should I go?**
☐ そこはここから近いですか？	**Is it close to here?**
☐ そこは歩いて行ける距離でしょうか？	**Can I walk there from here?** ※この場合の there は省略可能です。 **Is it within walking distance?**
☐ そこは歩くには遠すぎますか？	**Is it too far to walk?**
☐ そこまでどのくらいの時間がかかりますか？	**How long does it take to get there?**
☐ 歩いてほんの 10 分です。	**It's only a 10-minute walk.** **It's only 10 minutes' walk from here.**
☐ 道に迷っておられるんですか？	**Are you lost?**
☐ 道に迷ってしまいました。	**I'm lost.**
☐ 私は方向音痴です。	**I have a bad sense of direction.**

2 観光する

ツアーに申し込む、写真を撮ってもらう、モノを紛失したときの表現を覚えましょう。

ツアーに参加する　　Disc 2) 3

- □ グランドキャニオンを見に行きましょう。

  Let's go to the Grand Canyon.

- □「自由の女神」を見に行きましょう。

  Let's go see the Statue of Liberty.
  ※go see は go to see または go and see の省略形です。

- □ それでは、ツアーに参加しましょう。

  Let's join a tour then.
  ※「〜に参加する」には participate in 〜や take part in 〜も使えますが、会話では簡単に join で表現するのが普通です。

- □ このツアーに参加したいのですが。

  I'd like to join this tour.

  I'd like to go on this tour.

- □ ツアーは何時からですか?

  What time does the tour start?

  What time do you start the tour?

- □ ツアーのパンフレットをもらえますか?

  Can I have a brochure about the tour?

- □ 所要時間はどのくらいですか?

  How long does it take?

第7章 観光・レジャー編

☐ それはガイド付きツアーですか？	**Is it a guided tour?**
☐ 料金はいくらですか？	**What is the cost?** ※What の代わりに、How much と言っても OK です。 **How much does it cost?**
☐ 費用に保険料は含まれていますか？	**Is insurance included in the fee?** ※「保険料」は insurance (cost) と言います。
☐ 雨天の場合はどうなりますか？	**What will happen in case of rain?** ※in (the) case of 〜は「〜の場合には」の意味です。 **What if it rains?** ※What if 〜？は「もし〜だったらどうなるか？」の意味の便利なフレーズです。
☐ 雨の場合は中止になります。	ツアー業者 **If it rains, it'll be canceled.**
☐ キャンセルはどれくらい前にしなければいけませんか？	**How much time in advance would I need to cancel?** ※in advance は「前もって、予め」の意味です。
☐ そこのお店でお土産を見ましょう。	**Let's look at some souvenirs in the shop.**

日本語のガイド　　　Disc 2 4

☐ 日本語の話せるガイドはいますか？

Do you have any Japanese-speaking guides?

☐ 日本語のガイドはいくらかかりますか？

How much would it cost for a tour with a Japanese-speaking guide?

☐ 日本語のガイドは1時間20ドルです。

［ツアー業者］
A Japanese-speaking guide would be 20 dollars an hour.

写真を撮る　　　Disc 2 5

☐ ここでは写真を撮ってもよいのでしょうか？

May I take pictures here?

Am I allowed to take photos here?

☐ 写真を撮っていただけますか？

Could you please take my picture?

Would you mind taking our picture?

※自分だけを撮ってもらいたいときには my picture、自分たち（家族、友人を含めて）を撮ってもらいたいときには our picture となります。

☐ ここを押すだけです。

Just press here.

Just push this button.

第7章　観光・レジャー編

☐ もう1枚お願いします。	Please take another one. Could you take one more?
☐ 後ろの建物を入れて撮ってください。	Please get the building behind us in the picture.
☐ 湖をバックに撮ってください。	Please take a picture with the lake in the background.
☐ 全身が写るようにお願いします。	Please take our full-body photo.
☐ 上半身だけで大丈夫です。	Just take our picture from the waist up.
☐ そちらもお撮りしましょうか？	Shall I take your picture, too?

遺失・盗難　　　　　　　　　　　　　　Disc 2　6

☐ 遺失物取扱所はどこですか？	Where is the lost and found? ※「遺失物取扱所」は lost and found (office) と言います。
☐ パスポートをなくしてしまいました。	I lost my passport.
☐ カメラをなくしてしまいました。	I lost my camera.

□ ハンドバッグをなくしてしまいました。	**I lost my purse.** ※「ハンドバッグ」は purse や handbag と言います。
□ 遺失物届けをお願いしたいのですが。	**I'd like to report a lost item.**
□ ビデオカメラを電車の中に忘れてしまいました。	**I forgot my video camera in the train.** **I left my video camera behind on the train.** ※behind は省略しても OK です。
□ 何両目でしたか？	**Which car number was it?**
□ 鞄をタクシーの中に忘れてしまいました。	**I forgot my bag in the taxi.**
□ 鞄の特長を教えてください。	遺失物取扱所 **Please tell me what kind of bag it was.**
□ あなたの連絡先を教えていただけますか？	遺失物取扱所 **May I have your contact information?** **Could you tell me where you can be reached?**

第7章 観光・レジャー編

☐ 携帯電話をお持ちであれば、番号を教えてください。	<small>遺失物取扱所</small> **If you have a cell phone, please tell me your number.** ※「携帯電話」は cell phone (= cellphone) や mobile phone と言います。
☐ 見つけたらすぐにお知らせします。	<small>遺失物取扱所</small> **We'll call you immediately if we find it.**
☐ 盗難届を出したいのですが。	**I'd like to report a theft.** ※theft は「窃盗」の意味です。
☐ 何を盗まれましたか?	<small>警察</small> **What was stolen?**
☐ 財布を盗まれました。	**My wallet was stolen.** **Someone stole my wallet.**
☐ パスポートを盗まれました。	**I had my passport stolen.**
☐ この用紙にご記入ください。	<small>警察</small> **Please fill out this form.**
☐ 何か分かり次第ご連絡致します。	<small>警察</small> **We will contact you as soon as we find out anything.**
☐ 日本大使館にも連絡しておいてください。	<small>警察</small> **Please contact the Japanese Embassy as well.**

3 レジャー

スポーツや美術館、映画、演劇、コンサートなどにも出かけると楽しいものです。

アウトドアを楽しむ　　　　　　　　　　　　　　Disc 2 7

☐ 近くにゴルフ場はありますか？

Is there a golf course near here?
※「ゴルフ場」は golf course と言います。なお、「(打ち放しの)ゴルフ練習場」は driving range と言います。

☐ この辺りには3つのゴルフ場があります。

There are three golf courses around here.

☐ ゴルフ場行きの無料送迎バスはありますか？

Is there a free shuttle bus to the golf course?

☐ プレー料金はどのくらいですか？

How much does it cost to play?

What is the green fee?
※green fee とは「ゴルフ場のプレー料金」のことを言います。

☐ この近くで乗馬ができる所はありますか？

Are there any places where you can go horseback riding around here?
※horseback riding は「乗馬」の意味です。

☐ スキー場は近いですか？

Is a ski resort nearby?
※「スキー場」は ski resort と言います。

☐ シュノーケルやスキューバダイビングにはどのビーチがおすすめですか?	Which beach do you recommend for snorkeling and scuba diving?
☐ ジェットスキーやウインドサーフィンもやってみたいです。	I'd like to try jet skiing and windsurfing.
☐ 遊園地に行きませんか?	Would you like to go to an amusement park? ※「遊園地」は amusement park と言います。
☐ この辺りでは、他に何ができますか?	Is there anything else around here to do? What else can we do around here?

美術館・博物館に行く　　Disc 2　8

☐ 何時に開館しますか?	What time do you open? When do you open?
☐ 何時に閉館しますか?	What time do you close? When do you close?
☐ あなたはどんな絵が好きですか?	What kind of paintings do you like?

☐ それは油絵ですか、それとも水彩画ですか?	Is it an oil painting or a water painting?
☐ その彫刻は見事ですね。	That sculpture is amazing.
☐ ここは世界的に有名な博物館らしいですね。	I hear this is a world-famous museum.

映画・演劇・コンサートに行く　　Disc 2　9

☐ 映画に行きませんか?	How about going to the movies? Why don't we see a movie?
☐ どんな映画が好きですか?	What kind of films do you like?
☐ 今どんな映画をやっていますか?	What is playing now?
☐ 主演は誰ですか?	Who is starring in it? Who is the star of the movie?
☐ 他に誰が出ていますか?	Who else is in it?
☐ どんな内容ですか?	What's it about?

第7章　観光・レジャー編

☐ 演劇を見に行きませんか？	Why don't we go to see a play at the theater?
☐ 私はミュージカルが好きです。	I like musicals.
☐ コンサートに行きませんか？	Shall we go to a concert?
☐ 今夜の音楽はすごい迫力でしたね。	Tonight's music was incredibly powerful.

入場券を購入する　　　　Disc 2　10

☐ チケットはどこで購入できますか？	Where can I buy a ticket? ※buy の代わりに、get を使っても OK です。
☐ チケット売り場は入り口にあります。	The ticket office is at the entrance.
☐ 大人 2 枚、子供 3 枚ください。	Two adults and three children, please.
☐ 学生割引はありますか？	Do you have a student discount? ※have の代わりに、offer を使っても OK です。
☐ 高齢者割引はありますか？	Do you have a senior citizen discount? ※「60 歳以上の高齢者」のことを senior citizen と言います。

4 お金と両替

両替や換金などお金に関するフレーズは、海外旅行をするとき特に重要です。

お金の両替　　　　　　　　　　　　　　　　　　　　Disc 2　11

☐ この辺りに両替所はありますか？

Where can I change money around here?

Is there any place around here where I can change money?
※change は外貨の両替だけでなく、紙幣を硬貨にくずすときにも使われます。exchange は外貨の両替だけに使われます。

☐ こちらで両替はできますか？

Can I change some money here?

☐ 両替をお願いします。

I'd like to change money, please.

☐ 日本円を両替できますか？

Can you exchange Japanese yen?

☐ 円をドルに両替したいのです。

I'd like to exchange yen for dollars.

☐ 今日の為替レートはいくらですか？

What's today's exchange rate?

What's the exchange rate today?
※「為替レート」は exchange rate と言います。

☐ 1ドル84円です。

[両替窓口]
It's 84 yen to the dollar.

☐ 今日は1ドル何円ですか？	How many yen are equal to a dollar today?
☐ 今日は1ユーロ何円ですか？	How many yen are equal to the Euro today?
☐ これをドルに両替してもらえますか？	Could you change this into dollars?
☐ 身分証明書をお持ちですか？	両替窓口 Do you have any identification? May I see your ID? ※「身分証明書」は identification や ID（identification card）と言います。
☐ パスポートでもいいですか？	Is my passport all right?
☐ 両替の金額を記入してください。	両替窓口 Please fill in the amount you wish to change.
☐ ここにサインをお願いします。	両替窓口 Please sign here. Sign your name here, please.
☐ これをくずしてもらえますか？	Can you break this? ※札を「くずしてもらう」場合の両替には break という動詞を使います。

☐ 50ドルをくずしてもらえますか？	**Could you break a fifty?** ※「10ドル札」なら break a ten、「20ドル札」なら break a twenty と言えばよいわけです。
☐ 50ドルを10ドルにくずしてもらえますか？	**Could you break this 50 into 10s?** ※この場合の 50 と 10s は、$50 と $10's のことですが、実際の会話では $ の部分は読みません。 **Could you break this 50-dollar bill into 10-dollar bills?**
☐ 1ドルをコインにくずしてもらえますか？	**Can you break a dollar for change?** **Can you give me change for a dollar?** **Can you change a dollar for coins?** ※これらは小銭が必要なときに便利なフレーズです。
☐ どのように両替しますか？	両替窓口 **How would you like your money?** ※お金の内訳を聞く質問です。
☐ 20ドル札3枚と10ドル札2枚と残りを1ドル札でお願いします。	**Three twenties, two tens, and the rest in ones, please.** ※例えば 100 ドル札を両替してもらう場合です。
☐ トラベラーズチェックを現金化したいのですが。	**I'd like to cash some traveler's checks.** ※トラベラーズチェックは両替所や銀行で換金してもらえます。

第7章 観光・レジャー編

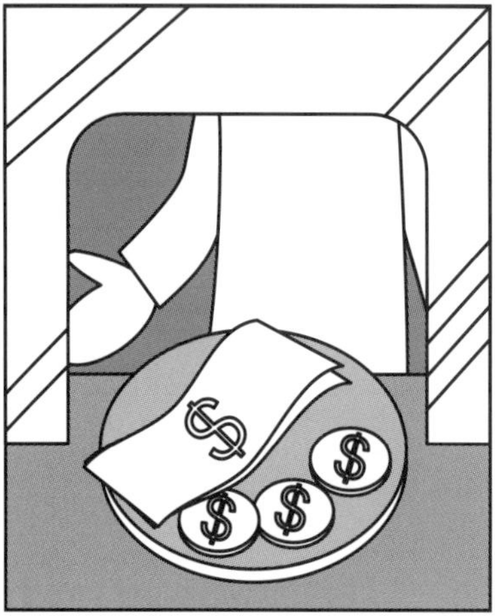

第8章

スポーツ編

スポーツには spectator sports（見るスポーツ）と participation sports（やるスポーツ）があります。特にアメリカでは野球、アメリカンフットボール、バスケットボール、アイスホッケーの4大スポーツは絶大な人気を誇っています。それらのスポーツの基本ルールを覚えて、友達とワイワイ言いながらスポーツ観戦をするのは楽しいものです。単に見るだけではなく、友達と一緒にスポーツをすることもあるでしょう。スポーツに関するフレーズを身につけておくと、会話の幅がグッと広がること間違いなしです。

1 スポーツを観戦する

こちらからスポーツの話題を切り出せば、対話相手と楽しい会話が楽しめるはずです。

好きなスポーツについて　　　Disc 2　12

□ どのスポーツが好きですか?

What sport do you like?

※What sport do you like? は特定のスポーツに限定して「どのスポーツが一番好きですか?」という意味ですが、「どんなスポーツが好きですか」と複数のスポーツについて聞く場合には、What sports do you like? となります。

What's your favorite sport?

□ サッカーが大好きです。

I like soccer a lot.

My favorite sport is soccer.

□ スポーツをするのは苦手ですが、見るのは大好きです。

I'm not good at sports, but I like to watch them a lot.

□ ときどきプロ野球を見に行きます。

I sometimes take in a professional baseball game.

※take in ～は「～を見に行く」の意味です。代わりに go to を使ってもOKです。

□ どの選手が好きですか?

Who's your favorite player?

□ イチローの大ファンです。

I'm a big fan of Ichiro.

☐ 好きなチームはどこですか?	**Which team do you like?**
☐ 格闘技の試合をテレビでよく見ます。	**I often watch martial arts matches on TV.** ※martial arts は「格闘技、武道」の意味です。

スポーツ観戦中の会話　　　　Disc 2) 13

☐ どことどこの試合ですか?	**Who's playing who?**
☐ 試合はどうですか?	**How's the game?** ※試合経過を聞く質問です。
☐ 何対何ですか?	**What's the score?**
☐ なんとフォアボールですか?	**A walk? What a shame!** ※walk は「フォアボール、四球」の意味です。なお、「敬遠」は故意に四球を与えることなので、intentional walk と言います。
☐ 遂に9回の裏になりました。	**Finally it's the bottom of the ninth inning.** ※野球の回の「表」は top、「裏」は bottom と言います。
☐ もう2アウト満塁です。	**Now the bases are loaded with two outs.**

第8章 スポーツ編

☐ 逆転勝ちできますかね?	**I wonder if they can come from behind to win.**
☐ どうなるか見てみましょう。	**Let's wait and see what happens.**
☐ PK戦がこれから始まります。	**The shootout is about to begin.** ※「PK戦」は (penalty) shootout と言います。
☐ このキーパーはすごいです。	**This goalkeeper is awesome.**
☐ すごいプレーですね。	**What a play!**

2 スポーツを楽しむ

自分が趣味・娯楽でやっているスポーツについて、簡単に説明できるようにしておきましょう。

人をスポーツに誘う　　　Disc 2　14

□ 明日はゴルフをしませんか？
Shall we play golf tomorrow?

□ 午後からテニスをしませんか？
Why don't we play tennis this afternoon?

□ 外に出てキャッチボールでもしませんか？
How about we go outside and play catch?
※play catch は「キャッチボールをする」の意味です。

スポーツについての歓談　　　Disc 2　15

□ いつゴルフを始めましたか？
When did you take up golf?
※take up ～は「～を始める」の意味です。

□ 今からゴルフ練習場に行ってきます。
I'm going to the driving range now.

□ ボーリング場はどこにありますか？
Where is a bowling alley?
※「ボーリング場」は bowling alley と言います。

□ スポーツジムに通っているのですか？
Do you go to a sports gym?

第8章 スポーツ編

☐ 週に3回トレーニングをしています。	**I work out three times a week.** ※work out は「(ジムなどで)トレーニングする」の意味です。
☐ 健康的な生活ですね。	**You are leading a healthy life.**
☐ タップダンスをしようと思っています。	**I'm thinking about trying tap dancing.**
☐ スキーをするには最高の天気です。	**It's perfect weather for skiing.**
☐ スノーボードにはまっています。	**I'm into snowboarding.** **I'm hooked on snowboarding.**

第 9 章

電　話　編

電話での会話には、決まり表現が実に多く使用されるので、そのフレーズとパターンを身につけておくとさまざまな応対が可能になります。相手を呼び出す、電話を受ける、約束するなど、電話での基本的なやり取りを一般・ビジネスに分けて紹介します。さらに、間違い電話・迷惑電話への対処フレーズも収録しています。

1 電話をかける・受ける

まずは基本表現をしっかり覚え、個人と会社の表現を使い分けできるようにしましょう。

基本表現

Disc 2) 16

□ もしもし。

Hello.

□ もしもし、ベンさんはいらっしゃいますか？

Hello, is Ben there?

Hello, is Ben available?

Hello, may I speak to Ben, please?
※speak to の代わりに、talk to と言ってもOKです。

□ 私ですが。

Speaking.

This is he.
※男性であれば This is he. と、女性であれば This is she. と言います。

This is Ben speaking.
※This is を省略して、Ben speaking. と言ってもOKです。

It's me.
※これは親しい間で使うカジュアルな言い方です。

□ どちらさまですか？

Who's calling, please?
※丁寧な言い方です。中には Who is this? と言う人もいますが、少しぶっきらぼうに聞こえます。なお、直訳をして Who are you? は絶対に NG です。非常に無礼に聞こえます。

May I ask who's calling?
※これが最も丁寧な言い方でしょう。

☐ 小林恵子と申します。	This is Keiko Kobayashi.

相手を呼び出す（一般） Disc 2) 17

☐ スミスさんのお宅ですか？	Is this the Smiths'? Is this the Smith residence? ※相手に電話していても this を使います。that ではないので注意しましょう。
☐ キャシーさんはいらっしゃいますか？	Is Kathy there? May I speak to Kathy, please?

【応答表現】

☐ 彼女は今、外出しております。	She's out right now.
☐ ご伝言を承りましょうか？	May I take a message? Would you like to leave a message?
☐ 彼女は今食事中ですが、呼びましょうか？	She is eating now, but shall I get her? She is eating now, but shall I put her on? ※put her on は put her on the phone を簡単に表現したものです。

第9章 電話編

☐ 少しお待ちください。	Just a moment, please.
	One moment, please.
	Hold on, please.
☐ 彼女は今、出かけたばかりです。	She's just left here.
☐ 彼女の携帯のほうにかけていただけますか？	Could you call her on her cellphone?

相手を呼び出す（ビジネス）　　Disc 2　18

☐ 斉藤サトシと申しますが、ハント販売部長はいらっしゃいますか？	This is Satoshi Saitoh. May I speak to Mr. Hunt, your marketing manager?
☐ HFL社の佐野ヨシオですが、ラーソンさんはいらっしゃいますか？	This is Yoshio Sano of the HFL Corporation. Is Mr. Larson available?
☐ 今、お話をしても大丈夫ですか？	May I talk to you now?
	Is it a good time to talk to you?
☐ 少しお話をしてもよろしいでしょうか？	Can I talk to you for a minute?

☐ 今、ご都合はよろしいですか？	Is this a convenient time for you to talk?
☐ 今はお忙しいでしょうか？	Are you busy right now?
☐ 明日の打ち合わせの件でお電話を差し上げたのですが。	I'm calling about tomorrow's meeting.
☐ ちょっとご相談したいことがあるのですが。	I'd like to talk to you about something.
☐ 内線 482 をお願いします。	Extension number 482, please. May I have extension 482?
【応答表現】 ☐ 大丈夫ですよ、どうぞ。	Sure, go ahead.
☐ どんなご用件ですか？	What can I do for you? How may I help you?
☐ どんな用件か教えてもらえますか？	May I ask what this call is about?
☐ 今会議中です。	I'm in a meeting now.

第9章 電話編

☐ 後ほど折り返し電話します。	I'll call you back later. I'll get back to you later.
☐ 今は手が空いていません。	I'm not available now. I'm not free right now. I'm tied up at the moment.
☐ 10分後にもう一度かけ直していただけますか?	Would you call me again in 10 minutes? Could you try again in 10 minutes?
☐ これから出かけますので、手短にお願いします。	Please be short because I'm going out now. I'm about to go out, so please make it short.

※be about to do は「今まさに〜しようとしている」の意味です。

都合の悪い電話をかける(一般・ビジネス)　Disc 2 　19

☐ 朝早くから電話してすみません。	I'm sorry to call you so early.
☐ 夜分こんな時間にお電話してすみません。	I'm sorry I called you this late.
☐ お忙しいところお電話して申し訳ないです。	I'm sorry to call you when you are busy.

☐ 突然お電話して申し訳ありません。	**I'm sorry to call you all of a sudden.** ※all of a sudden（突然）は、もっと簡単に suddenly としても OK です。

電話を受ける（ビジネス）　　　Disc 2) 20

☐ もしもし、こちらはジョンソン・コーポレーションです。	**Hello, Johnson Corporation.** **Hello, this is Johnson Corporation.**
☐ もしもし、営業部です。	**Hello, Sales Department.**
☐ もしもし、受付でございます。	**Hello, front desk.**
☐ こちらはミラー部長のオフィスです。	**This is Mr. Miller's office.** ※これはミラー部長の秘書が応対する場面です。この場合は「部長」の部分を英語で言う必要はありません。
☐ すみませんが、どなたへおかけでしょうか？	**Excuse me, who are you calling, please?** **Excuse me, but who would you like to speak to?**
☐ どちらさまでしょうか？	**Who's calling, please?**
☐ どのようなご用件でしょうか？	**May I help you?** **How can I help you?**

第9章　電話編

本人に取り次ぐ（ビジネス）　Disc 2　21

□ ミラー部長、お電話です。

Mr. Miller, phone call for you.

Mr. Miller, there is a telephone call for you.

□ 誰からの電話ですか?

Who's on the phone?

Who is it?

※ 電話を取り次がれたけども、誰からの電話か分からないときに使うフレーズです。

□ 田中さんからお電話です。

Mr. Tanaka is on the phone.

You have a call from Mr. Tanaka.

□ 2番にお電話です。

You have a call on line 2.

□ 田中さんから2番にお電話です。

Mr. Tanaka on line 2.

□ お待たせ致しました。

Sorry to have kept you waiting.

□ 営業部におつなぎします。

I'll put you through to the Sales Department.

I'll connect you to the Sales Department.

- ミラー部長におつなぎします。

I'll put you through to Mr. Miller.

I'll connect you to Mr. Miller.

2 応対と伝言

本人が出られないときの応対と伝言、間違い電話への応対に関する表現を紹介します。

本人が出られないとき（一般）　Disc 2　22

□ 彼女はまだ帰宅しておりません。

She hasn't come home yet.

She hasn't gotten back home yet.

※gotten の代わりに、got を使っても OK です。過去分詞形としては、アメリカでは got よりも gotten の方が、イギリスでは gotten よりも got の方がよく用いられます。

□ 今、彼女はお風呂に入っています。

She's taking a bath now.

□ かけ直していただけますか？

Could you call back later?

□ 後でかけ直させましょうか？

Shall I have her call you back later?

※later は省略しても OK です。

【応答表現】
□ 彼女はいつお帰りになりますか？

When will she be back?

When is she coming back?

□ 後ほどまたかけます。

I'll call her again later.

I'll try again later.

☐ 伝言をお願いできますか？	**Can I leave a message?** ※message の後に、for her を加えても OK です。 **Could you take a message?**
☐ 私から電話があったことをお伝えいただけますか？	**Would you tell her that I called?**
☐ 藤井セイ子から電話があったとお伝えください。	**Please tell her that Seiko Fujii called.**

本人が出られないとき（ビジネス）　　Disc 2　23

☐ 彼は今席をはずしております。	**He's not at his desk now.** **He's just stepped out.**
☐ 彼は昼食で外出しております。	**He's out for lunch.** ※for の代わりに、to を使っても OK です。
☐ 彼は今日休みです。	**He has the day off today.**
☐ 彼は今話し中です。	**He's on another line now.**
☐ そのままお待ちいただけますか？	**Could you please hold a minute?** **Would you hold the line, please?**

第9章　電話編

☐ 伝言をお預かりしましょうか？		**Could I take a message?** **Would you like to leave a message?**

【応答表現】

☐ 後ほどもう一度かけ直します。

I'll call him again later.

☐ 1時間後にお電話して大丈夫でしょうか？

Can I call back in an hour?

Is it okay to call him again in an hour?

☐ いつ頃お電話を差し上げればよろしいでしょうか？

When should I call back?

What time would be best to call back?

☐ 急用なので、おつなぎいただけますか？

Since this is an emergency, could you put me through?

This is an urgent call, so could you connect me?

※「彼に」という場合は、put me through to him や connect me to him となります。

伝言をお願いする(一般・ビジネス) Disc 2 24

電話をくださるよう彼に伝えてくださいますか？	**Could you ask him to call me back?** **Could you ask him to return my call?** ※ask の代わりに、tell を使っても OK です。 **Could you have him call me?**
私の電話番号は 823-1624 です。	**My phone number is 823-1624.**
お電話をお待ちしておりますと彼にお伝えください。	**Please tell him that I'll be expecting his call.**
また電話しますとお伝えください。	**Please tell him that I'll call him again.**
私の携帯に電話くださるように彼女にお伝えください。	**Please tell her to call my cellphone.**
時間があれば電話くださるようお伝えください。	**Please tell her to call me if she has time.**
鈴木マモルから電話があったことをお伝えください。	**Please tell her Mamoru Suzuki called.**

第9章 電話編

間違い電話・迷惑電話　　　Disc 2　25

- [ ] かけ間違いですよ。

You must have the wrong number.

I think you have the wrong number.

I'm afraid you have the wrong number.
※文頭に I think や I'm afraid を付けると柔らかい口調になります。

- [ ] どちらにおかけでしょうか?

Who are you calling?

- [ ] おかけになった電話番号は何番でしょうか?

What number did you dial?
※dial の代わりに、call を使っても OK です。

What number did you try to call?

- [ ] 番号は合っていますが、こちらではありません。

The number is correct, but it's not us.

- [ ] そのような名前の者はこちらにはおりませんが。

There is no one here by that name.
※by の代わりに、of や with を使うことも可能です。

- [ ] こちらには田中という名前の者はおりません。

There's no one here called Tanaka.

There's no Tanaka here.

□すみませんが、お話がよくわからないのですが。	I'm sorry, I don't understand what you are saying.
□こんな時間に電話をかけないでください。	Please don't call at this time.
□すみませんが、電話でのセールスは一切お断りします。	Sorry, I don't accept any calls from sales people.
□昨晩いたずら電話がありました。	I had a prank call last night. ※「いたずら電話」は prank call や crank call と言います。

【応答表現】

□すみません、かけ間違えました。	I'm sorry, I dialed the wrong number. Sorry, I called the wrong number.
□そちらの電話番号は866-3329ですか？	Is this 866-3329?
□オリバーさんのお宅ではないでしょうか？	Isn't this the Olivers'? Isn't this the Oliver residence?

第9章 電話編

3 電話でのやりとり

アポイントや日程の調整など、基本的なやりとりができるようにしておきましょう。

アポイントを取る(一般・ビジネス)　　Disc 2 　26

☐ お時間があれば、明日お目にかかりたいのですが。

I'd like to see you tomorrow if you have time.

☐ 明日はご都合いかがでしょうか?

Is tomorrow convenient for you?

Would tomorrow work for you?

☐ 来週中にお目にかかりたいのですが、いつ頃がよろしいでしょうか?

I'd like to see you sometime next week, but when is it convenient for you?

※when is it の it は省略しても OK です。

☐ いつがご都合よろしいですか?

When would be a good time for you?

When would be convenient for you?

※would を使うと丁寧な言い方になります。

☐ あなたのご都合の良い日を知らせてください。

Please let me know what day is convenient for you.

☐ 水曜日以外にご都合の良い日はございますか？	Is there any convenient day other than Wednesday?
☐ 何時がご都合よろしいですか？	What time would be good for you?
☐ あなたのご都合の良い時間を知らせてください。	Please let me know what time is convenient for you.

日程の調整・変更（一般・ビジネス） Disc 2　27

☐ あいにく明日は都合がつきません。	I'm sorry, tomorrow is not good for me. I'm afraid I can't make it tomorrow. ※make it（都合がつく）の代わりに、manage it を使うことも可能です。
☐ 明後日はいかがでしょうか？	How about the day after tomorrow? ※「明後日」は the day after tomorrow と言います。
☐ あいにく明日は出張なので、来週に変更させていただけませんか？	Unfortunately, I'll be out of town on business tomorrow, so may I reschedule for next week?
☐ 来週の火曜日の午前中はいかがでしょうか？	How about next Tuesday morning?

☐ 5日は都合が悪いのですが、6日なら大丈夫です。	I'm not available on the 5th, but the 6th is good.
☐ 打ち合わせの時間を変更させていただきたいのですが。	I'd like to reschedule our meeting time.
☐ 面会の約束を2時に変更は可能でしょうか?	Is it possible to change the appointment to 2 o'clock?
☐ 今日の午後と明日の午前のどちらがよろしいでしょうか?	Which would you prefer, this afternoon or tomorrow morning?
☐ 私はそちらのご都合に合わせます。	I will adjust to your schedule.
☐ 都合の良い日程を確認してから、ご連絡を差し上げます。	I'll contact you after I come up with a convenient date.
☐ 日程が決まりましたら、ご連絡ください。	Please contact me when the date is set.
☐ それでは18日で結構です。	Then the 18th would be fine. ※fine の代わりに、okay や all right を使うこともできます。
☐ それでは木曜日にお伺いします。	Then I will come on Thursday.

確認・説明を求める（一般・ビジネス） Disc 2 28

□ すみません、聞き取れませんでした。	Sorry, I didn't catch that. I'm sorry, I missed that.
□ すみません、お名前が聞き取れませんでした。	Sorry, I didn't catch your name. ※catch の代わりに、get を使ってもOK です。
□ すみません、御社の社名が聞き取れませんでした。	I'm sorry, I didn't catch your company's name.
□ もう一度言っていただけますか？	I beg your pardon? Would you please say that again? Could you repeat that, please? ※これらは相手の言った言葉が聞き取れなかったときに使うフレーズです。
□ 聞こえますか？	Can you hear me? ※電話が遠いように感じるときに使うフレーズです。
□ 聞こえていますか？	Are you still there? ※相手が無言なので、まだそこにいるかどうか確認したいときに使うフレーズです。
□ 電話が遠いようです。	I can't hear you well. We have a bad connection.

第9章 電話編

☐ もう一度説明していただけますか？	**Could you explain that again?** **Could you go over that again?** ※どちらも相手の説明が十分に理解できなかったときに使うフレーズです。
☐ もう少しゆっくり話していただけますか？	**Could you speak a little more slowly?** **Would you mind speaking more slowly?**
☐ もう少し大きな声で話していただけますか？	**Would you please speak a little louder?** **Could you speak up, please?**
☐ 時間と場所をもう一度言っていただけますか？	**Could you tell me the time and place again?** **Would you please tell me when and where again?**
☐ お名前はどのようにつづりますか？	**How do you spell your name, please?** **Would you spell your name for me?**
☐ お名前と電話番号を確認させてください。	**Let me confirm your name and phone number.**

□それはどういう意味でしょうか？	**What do you mean?** ※「だから、それは具体的に言うとどういうことですか？」と相手に確認を求めるときに使うフレーズです。
□あなたのおっしゃったことを繰り返させてください。	**Let me repeat what you said.**
□あなたのおっしゃったことを正しく理解できたかを確認させてください。	**Let me make sure if I understood correctly what you said.**

同意する・受け入れる（一般・ビジネス） Disc 2 》 29

□結構ですよ、問題ありません。	**That's okay. No problem.** **All right, that'll be fine.**
□では、そうしましょう。	**Let's do that then.** **Well, I don't see why not.**
□是非いらしてください。	**Please come by all means.** ※by all means は「是非とも」の意味です。
□ご到着をお待ちしております。	**I'll be looking forward to your arrival.**
□いつでもよろしいですよ。	**Anytime will be fine.**

第9章 電話編

☐ ご都合の良いときで結構です。	**Anytime that's convenient for you will be fine with me.** ※文末の with me は省略しても構いません。
☐ いらっしゃる前に私に電話してください。	**Please give me a call before you come and visit me.**
☐ 明日午後3時に会社でお待ちしております。	**I'll be expecting you at three o'clock at my office tomorrow.**

断る（一般・ビジネス）　　　Disc 2 〉 30

☐ あいにくですが、今はちょっと忙しいです。	**I'm sorry, I'm kind of busy right now.** ※kind of は「ちょっと、多少」の意味です。
☐ 来週はとても忙しくなりそうです。	**I'll be very busy next week.**
☐ あいにく先約があります。	**I'm sorry, I have another appointment.** **I'm sorry, I have a previous engagement.** ※previous の代わりに、prior を使うこともできます。 **I'm sorry, I'm already booked up.** ※この場合の booked up は「先約がある、予定が詰まっている」の意味です。

□また次の機会でよろしいでしょうか？	Can we leave it for next time?
□また別のときでよろしいでしょうか？	Can we do it some other time?
□すみませんが、今日の会議はキャンセルさせてください。	I'm sorry, but I'd like to cancel today's meeting.
□緊急の用件なのです。	It's an emergency.
□急用ができました。	Some urgent business has come up.
□そうですか、分かりました。	Is that right? I understand.

すぐに連絡を取りたい（一般・ビジネス）　　Disc 2　31

□エミリーさんはもうお戻りでしょうか？	Is Emily back yet?
□急ぎの件ですが。	This is an urgent matter. I have some urgent business.

第9章　電話編

☐ できるだけ早く彼女に連絡を取りたいのですが。	**I'd like to contact her as soon as possible.** ※contact の代わりに、reach を使うこともできます。as soon as possible は「極力早めに」の意味です。 **I'd like to get hold of her as soon as I can.** ※get hold of ～（～に連絡する）は、会話でよく get ahold of ～とも言います。as soon as possible は、ここでは as soon as I can と言い換えられています。
☐ できるだけ早く彼からのお電話をお願いします。	**Please have her call me back as soon as possible.**
☐ 差し支えなければ、彼女の携帯番号を教えていただけますか？	**If you don't mind my asking, may I have her cellphone number?**

4 電話を終える

電話の終え方にも定型的な言い方があります。失礼にならないように丁寧な表現を使いましょう。

電話を終える（一般・ビジネス）　Disc 2　32

□ お電話ありがとうございました。	Thank you for calling.
□ またこちらからお電話致します。	I'll call you back.
□ また明日お電話致します。	I'll call you again tomorrow.
□ メッセージは社長に申し伝えます。	I'll give your message to our president.
□ 部長が帰りましたら、メッセージをお伝えします。	When the manager comes back, I'll pass your message on to him.
□ お邪魔しました。失礼します。	Thank you for your time. Good-bye.

電話を途中で切り上げる（一般・ビジネス）　Disc 2　33

□ 別の電話が入ってきました。	Another call is coming in.
	I'm getting another call.
	My other line is ringing.

☐ もう電話を切らなければなりません。	**I have to hang up now.** ※「電話を切る」は hang up や hang up the phone と言います。
☐ もう行かなければいけません。	**I have to go now.** **I have to get going now.** ※電話を切りたいときには、これらのフレーズを使うこともできます。
☐ ひとまず失礼しますが、また後でかけ直させてください。	**I have to say good-bye for now, but let me get back to you later.**
☐ 退社の時間なので、また明日お電話いただけますか?	**I have to go home now, so could you call me again tomorrow?**
☐ 7時過ぎに携帯に電話してもらえますか?	**Could you call my cell after seven?** ※cell は cellphone や cellular phone の短縮形で日常会話でよく使われます。
☐ 話の途中ですが、これで失礼します。	**I hate to interrupt you, but I have to get going.**

電話の決まり文句　　　　　　　Disc 2) 34

☐ どこからかけているのですか?	**Where are you calling from?**
☐ 自分の携帯からかけています。	**I'm calling from my cellphone.**

□ 会社からかけています。	**I'm calling from my office.**	
□ 話し中です。	**The line is busy.**	
□ 今なお話し中です。	**The line is still busy.**	
□ 電話が鳴っていますよ。	**The phone is ringing.**	
□ 電話に出てくれる?	**Can you get the phone?** ※Can you get that? とも言います。 **Can you pick up the phone?** ※Can you pick it up? とも言います。 **Will you answer the phone?**	
□ 私が出ます。	**I'll get it.** **I'll answer it.**	
□ どこまで話しましたか?	**Where were we?** ※中断していた会話を再開するとき、前の話題に戻ろうとするときに聞く質問です。	
□ 公衆電話はどこですか?	**Where is a pay phone?**	

第9章 電話編

☐ 電話をお借りしてもよろしいですか？	**May I use your phone?** **Is it okay if I use your phone?** **Do you mind if I use your phone?**
☐ 電話帳を見せていただけますか？	**May I see a telephone directory?** ※「電話帳」は telephone directory や telephone book と言います。
☐ あなたの留守番電話にメッセージを入れておきました。	**I left a message on your answering machine.** ※「留守番電話」は answering machine と言います。
☐ あなたの毎月の電話代はどのくらいですか？	**How much is your monthly phone bill?**
☐ 彼女は 10 回目の呼び出し音でやっと電話に出ました。	**She finally picked up on the 10th ring.**
☐ 彼に途中で電話を切られてしまいました。	**He hung up on me.**
☐ 一方的に電話を切らないでください。	**Please don't hang up on me.**
☐ 電話に出られなくてすみませんでした。	**I'm sorry I missed your call.**

☐ 携帯が圏外だったんです。	There was no reception. I was out of range.
☐ また切れてしまいました。	Once again I lost your call. I lost you again.
☐ ここは受信状態がかなり悪そうです。	Reception seems pretty bad here.
☐ そろそろ携帯のバッテリーが切れそうです。	The battery in my cellphone is running out. ※running out の代わりに、running low と言うこともできます。
☐ 携帯が鳴っていますよ。	Your cellphone is ringing.
☐ あなたの携帯は海外でも使えますか?	Can you use your cellphone overseas, too?
☐ 携帯のメールアドレスを交換しましょう。	Let's exchange cellphone e-mail addresses.

第9章 電話編

単語コラム

通信関連

国番号	country code
市外局番	area code
市内通話	local call
長距離電話	long-distance call
コレクトコール	collect call
指名通話	person-to-person call
フリーダイヤル	toll-free number
電話会議	conference call
留守番電話	answering machine
発信音	beep / tone
録音メッセージ	recorded message
非公開電話番号	unlisted number
いたずら電話	prank call
無言電話	silent call
公衆電話	pay phone / public phone
電話帳	phone book / telephone directory
携帯電話	cell phone / mobile phone

第10章

ビジネス編

「ビジネス英語」というと、何かとてつもなく難しい英語というイメージを抱く人は少なくありません。しかし、現実には普段の英会話プラスαくらいのものですので、恐れずに足りずです。この章では、取引先の訪問、自己紹介、自社紹介、商品の紹介をはじめ、簡単な商談、注文とアフターケア、クレームへの対応など、場面別に必須のフレーズを紹介します。また、社内でよく使う基本表現のほか、求職・面接の会話も収録しています。

1 取引先に会う

取引先を訪れ、自己紹介をして自社製品を説明するのに役立つフレーズを紹介します。

会社を訪問する　　　　　　　　　　　　　　Disc 2　35

技術部のオルソンさんにお会いしたいのですが。	I'd like to meet Mr. Orson at the Technical Division.
オルソンさんにお会いするために参りました。	I'm here to see Mr. Orson.
受付 アポを取っておられますか？	Do you have an appointment?
10時にお約束をいただいております。	I have an appointment with him at ten. ※with him は省略しても構いません。
アポは取っていないのですが、彼にお会いすることは可能でしょうか？	I don't have an appointment, but may I see him?
少しの時間だけでも彼にお会いすることはできますでしょうか？	Will he be able to see me just for a short time?
受付 彼のオフィスにご案内します。	I'll show you to his office.

	受付
□ どうぞこちらへ。	**Please come this way.**

担当者に会う　　　　　　　　　　Disc 2　36

□ 私はワールド社の佐藤トシオと申します。	**I'm Toshio Satoh from World Corporation.**
□ ワールド社は商社でございます。	**World Corporation is a trading company.**
□ 私はそこの営業部長をしております。	**I'm the sales manager there.**
□ これが私の名刺です、どうぞ。	**Here's my business card.** ※欧米では名刺交換の慣習はありませんでしたが、近年は名刺交換をする人が増えています。
□ 名刺を1枚いただけますか？	**May I have your business card, please?**
□ もちろんです、どうぞ。	**Sure, here it is.**
□ すみません、名刺を切らしておりまして。	**I'm sorry, I've run out of business cards.**
□ これは弊社を紹介するパンフレットです。	**Here's a brochure on our company.** **This is a brochure that introduces our company.** ※「パンフレット」は brochure や pamphlet と言います。

第10章　ビジネス編

☐ 今日は弊社についてご紹介したいと思います。	Today I'd like to introduce our company to you.
☐ 弊社の新商品について説明させてください。	Please let me tell you about our new products.
☐ 弊社の新商品の見本を持って参りました。	I've brought some samples of our new products.
☐ 今日は品質管理について話し合うために参りました。	Today I'm here to discuss quality control with you. ※「品質管理」は quality control と言います。

自己紹介　　　Disc 2　37

☐ 大和製薬の佐々木タカシと申します。	I'm Takashi Sasaki from Yamato Pharmaceutical.
☐ 営業部の小林シンヤと申します。	I'm Shinya Kobayashi from the Sales Department.
☐ 東京本社からこちらに異動となりました。	I've been transferred here from the head office in Tokyo.
☐ 私は新入社員の太田ヤヨイと申します。	I'm a new employee, Yayoi Ohta.

☐ 私は入社したばかりです。	**I was just hired here.**
☐ 高橋の後任として参りました。	**I've come here to replace Mr. Takahashi.** ※replace は「〜に取って代わる」の意味です。
☐ GS 社で広報を担当しております。	**I'm in charge of public relations at GS Inc.** ※in charge of 〜は「〜を担当して」の意味です。
☐ Sun コーポレーションで輸入業務を担当しています。	**I'm in charge of exporting at Sun Corporation.**
☐ 今後皆さんと一緒に仕事ができることを楽しみにしております。	**I'm looking forward to working with you all from now on.**
☐ 8月25日をもって退職することになりました。	**I will retire as of August 25.** ※as of 〜は「〜の時点で」の意味です。
☐ 来月より CBT 社に出向することになりました。	**I will be transferred temporarily to CBT, Inc. from next month.**

第10章 ビジネス編

自社の紹介　　　Disc 2　38

☐ 弊社は世界で最大級の自動車メーカーです。

We are one of the world's largest automakers.
※「弊社」には We を使うのが一般的です。「自動車メーカー」は automaker や automobile manufacture と言います。

☐ 弊社は中規模の製紙会社です。

We are a medium-sized paper company.

☐ 弊社は急成長している創業 40 年の証券会社です。

We are a fast growing 40-year old securities company.
※「証券会社」は securities company や securities firm と言います。

☐ 弊社はシカゴに本拠を置く大手保険会社です。

We are a leading insurance company based in Chicago.
※「保険会社」は insurance company と言います。

☐ 弊社はコンピュータソフトを製作しています。

Our company creates computer software.

☐ 弊社は携帯電話の組み立てをしています。

We assemble cellphones.

☐ 弊社は医療機器の製造を行っています。

We manufacture medical equipment.
※「医療機器」は medical equipment と言います。

☐ 弊社には約 24,000 人の従業員がいます。	**We have about 24,000 employees.**
☐ 弊社は IT 業界のパイオニアです。	**We are a pioneer in the field of IT.** ※IT は information technology（情報技術）の短縮形です。
☐ 弊社は創業 80 年以上です。	**We have been in business for over 80 years.**
☐ 弊社は 500 人の社員を持つ不動産会社です。	**We are a real-estate company with more than 500 employees.** ※「不動産会社」は real-estate company と言います。
☐ 私どもは海外に約 70 の支店があります。	**We have around 70 branches overseas.** ※overseas の代わりに、abroad を使っても OK です。
☐ 私どもの社員の約 20 ％が外国人です。	**About 20 percent of our employees are foreigners.**
☐ 私どもは海外においても知名度が高いです。	**We are well known overseas as well.**
☐ 弊社の詳細についてはこのパンフレットに書いてあります。	**The details about our company are given in this brochure.**

第10章 ビジネス編

☐ このパンフレットには英語版、スペイン語版、日本語版、中国語版の4種類があります。	There are four versions of this brochure: English, Spanish, Japanese, and Chinese.
☐ 弊社のホームページをご覧ください。	Please visit our website. Please refer to our website. ※refer to ~は「~を参照する」の意味です。

自社商品の紹介　　　　　　　　　Disc 2　39

☐ 今日ご紹介したいのはこちらの製品です。	These are the products that I'd like to introduce to you today.
☐ これらは弊社の新製品のサンプルです。	These are samples of our new products.
☐ どうぞご覧になってください。	Please take a look.
☐ 弊社の製品にきっと満足いただけることと思います。	I'm confident that you will be very happy with our products.
☐ これらは弊社の一番の売れ筋製品です。	These are our best-selling products.
☐ これから弊社の製品についてご説明致します。	Now I'd like to explain our products.

☐この製品にはすばらしい特徴がたくさんあります。	**This product has a lot of great features.** ※feature は「特徴、特長」の意味です。
☐この商品の一番の特徴は、小型かつ軽量である点です。	**The best feature of this product is that it is small and lightweight.**
☐弊社の製品は他社の類似製品よりもお安くなっております。	**Our products are more reasonable than similar products of other companies.**
☐これらの製品には1週間のお試し期間がございます。	**These products are available for a one-week trial period.** ※「お試し期間」は trial period と言います。
☐弊社の工場を近々見学されませんか？	**Would you like to join our factory tour sometime soon?**
☐弊社のカタログをお送り致します。	**I will send you our catalog.**
☐詳細の資料をこちらからお届け致します。	**I will send you some detailed materials.**

第10章 ビジネス編

2 注文とアフターケア

商品の受発注と、クレームへの対処に重宝するフレーズが中心です。

商品の発注・受注　　　　　　　　　　　　　Disc 2　40

| 注文をお願いしたいのですが。 | I'd like to place an order. |

| ご注文は2階の販売部で承ります。 | We will take your order at the sales department on the second floor. |

| 会社名とお名前をお願い致します。 | May I have your company name and your name? |

| 御社のご住所と電話番号をお願い致します。 | I'd like the address and the phone number of your company, please. |

| 商品名をお願いします。 | Could you tell me the product name? |

| 商品名、型番と個数をお願いします。 | Please give me the product name, the model number, and how many you want. |

| 本日は何個ご注文されますか? | How many units would you like to order today? |

□ SP 型を 2000 個お願いします。	I'd like 2,000 units of the SP Model.
□ SP 型は、現在在庫がありますか？	Do you have the SP Model in stock?
□ はい、まだ少しございます。	Yes, we have some in stock.
□ その型の在庫状況を調べてみます。	I will check the inventory status of the model. ※「在庫状況」は inventory status や stock status と言います。
□ SP 型の在庫は現在ございません。	The SP Model is out of stock right now.
□ 来週には入荷する予定です。	We'll get another shipment next week. More items are expected next week.
□ その型は生産中止になりました。	That model went out of production.
□ 品物はいつ届きますか？	When will I get the items? How soon can you deliver our order?

第10章 ビジネス編

☐ 品物は1週間後に届きます。	The products will arrive in a week. Your order should be delivered in one week.
☐ 特別配達で送っていただけますか？	Could you send it by special delivery? ※by は省略しても構いません。
☐ 確認のため、ご注文の商品と数量を繰り返します。	For confirmation, please allow me to repeat the product name and the number of items you ordered.
☐ 着払いで発送していただけますか？	Could you ship it COD? Can I pay for it COD? ※「着払い」は COD (= cash on delivery)と言います。
☐ ご注文いただきまして、ありがとうございました。	Thank you for your order.
☐ またのご注文をお待ちしております。	We look forward to receiving your next order.

クレームと対応　　　　　　　　　　　　　Disc 2　41

☐ クレームがあります。	I'd like to register a complaint.
☐ 注文したものがまだ届きません。	We still haven't received our order.

☐ 注文状況をすぐに確認致します。	I will check the status of your order immediately.
☐ ご注文の品はすでに発送されています。	Your order has already been shipped out.
☐ ご注文の品はまもなく届くはずです。	Your order should arrive any day now.
☐ 注文したものと違うものが届きました。	We received the wrong products. You shipped us the wrong items.
☐ 届いた商品が破損していました。	The delivered items were broken.
☐ 届いた商品は欠陥品でした。	The delivered items were defective.
☐ 商品を弊社に送り返していただけますか?	Could you send the products back to us?
☐ この度はご迷惑をおかけして申し訳ございませんでした。	We are sorry for the inconvenience this has caused you. We apologize to you for the trouble we have caused you.

第10章 ビジネス編

3 会社の業務

連絡・伝達から面接まで、会社のさまざまな業務に使えるフレーズを紹介します。

社内でのあいさつ　　　　　　　　　　　　　Disc 2　42

おはようございます。	Good morning.
今日は早いですね。	You are early today.
遅刻だぞ!	You are late!
君は今朝も遅刻だな。	You're late again this morning.
二度とないように気をつけます。	It won't happen again. I won't let it happen again.
ランチに行ってきます。	I'm going to lunch.
また後で。	See you later.
それではお先に失礼します。	I'm leaving now. I'm out of here. ※発音は I'm outta here.(アイム・アウラヒァ)のようになります。 I'm off.

☐ さようなら。	Good-bye.
	Have a nice evening.
☐ また明日。	See you tomorrow.
☐ 今日の仕事はこのへんで切り上げよう。	Let's call it a day. ※call it a day は「(仕事などを)切り上げる、終わりにする」の意味です。
☐ 長い一日でしたね。	It's been a long day.
☐ お疲れさま。	You did a good job. ※もともとの意味は「よく頑張りましたね」です。「ご苦労さま」と言いたいときにもこのフレーズで OK です。

許可を求める・依頼する　　Disc 2　43

☐ あなたにお願いしたいことがあります。	I'd like to ask you a favor.
	I have a favor to ask of you.
☐ ちょっとお願いしてもよろしいですか？	May I ask you a favor?
	May I ask a favor of you?
	Would you do me a favor?
☐ あなたに助けて欲しいのですが。	I need your help.

第10章　ビジネス編

☐ ちょっと手伝っていただけますか？	Could you help me? I was wondering if you could help me out.	
☐ いいですよ。	Sure. That's fine.	
☐ 何ですか？	What is it? What can I do for you?	
☐ 場合によりけりですが。	That depends. ※「ケースバイケースです」と言いたいときにも、このフレーズが使えます。	

書類業務　　　　　　　　　　　　　　　　Disc 2　44

☐ この書類を5部ずつコピーしてください。	Please make five copies of this document.
☐ この資料を明日までに100部コピーしておいてください。	Please make 100 copies of this handout by tomorrow.
☐ すぐに取りかかります。	I'll get right on it.
☐ これらの書類を部長に手渡してください。	Please hand these documents to the manager.

☐ 今日の会議の資料は用意できましたか？	**Did you get the materials ready for today's meeting?**
☐ この書類を日本語に翻訳してください。	**Please translate this document into Japanese.**
☐ いつまでに必要ですか？	**By when do you need it?**
☐ これらの書類は処分してください。	**Please get rid of these documents.** ※get rid of ～は「～を処分する」の意味です。
☐ それらは必ずシュレッダーにかけてください。	**Please make sure to shred them.**
☐ これは機密書類です。	**This is a classified document.** ※「機密資料」は classified document や confidential document と言います。
☐ それは安全で確実な場所に保管してください。	**Please keep it in a safe and secure place.**
☐ このファイルは持ち出し禁止です。	**You can't take out this file.**

報告・連絡　　　　　　　　　　　Disc 2　45

☐ 2時の会議は2時半に変更になりました。	**The 2:00 meeting has been rescheduled to 2:30.**

第10章　ビジネス編

☐ このお知らせは本社からのものです。	**This notice is from headquarters.**
☐ それを掲示板に貼り出してください。	**Please put it on the bulletin board.** ※put の代わりに、post を使っても OK です。「掲示板」は bulletin board と言います。
☐ もう社内回覧は見ましたか？	**Have you read the memorandum yet?** ※「社内回覧」は memorandum や memo と言います。
☐ これはアスク社の最新の見積もりです。	**This is the latest estimate from ASK Corporation.**
☐ これはテクノ社からの請求書です。	**This is a bill from Techno Inc.** **This is an invoice from Techno Inc.** ※bill は「請求書」の意味です。invoice（送り状）は納品書と請求明細書の 2 つの役割を兼ねる書類です。
☐ これが彼らの商品リストです。	**This is their product list.**
☐ これは水曜日の会議の確認です。	**This is just to remind you of the Wednesday meeting.**
☐ 今日は午後 3 時にローズ社のリードさんが見えます。	**Mr. Reed from Rose Corporation is coming to see you at three o'clock this afternoon.**

☐ これについては販売部に聞いてください。	**Please ask the Sales Department about this.**
☐ 明日の午前中に私に企画書を提出してください。	**Please submit your project proposal to me tomorrow morning.** ※submit の代わりに、hand in 〜や turn in 〜を使うこともできます。「企画書」は (project) proposal と言います。
☐ それについてはもう一度考えさせてください。	**Please let me think it over again.** **Please let me think twice about it.**
☐ これをEメールで全社員に送ってください。	**Please send this to all employees by e-mail.**
☐ メールを送りましたので、ご確認をお願いします。	**Please check the e-mail that I sent you.**
☐ いくつか書類を机の上に置いておきました。	**I put some documents on your desk.**
☐ 明日は私用のため、休ませていただきます。	**I will have a day off tomorrow for personal business.**

第10章 ビジネス編

会議(司会・進行役)　　　Disc 2　46

☐ 会議は2時から4時までの予定です。

The meeting will be held from 2:00 to 4:00.

The meeting is scheduled from 2:00 until 4:00.

☐ 会議は2時間の予定です。

The meeting is scheduled to last for two hours.

※last の代わりに、run や go を使うことも可能です。

☐ 会議は3階の308号室で行われます。

The meeting will be held in Room 308 on the third floor.

☐ 会議室の予約を取っておいてください。

Please reserve a meeting room.

☐ ファックスで会議の議事日程をお送りします。

I will fax you an agenda of the meeting.

☐ 皆様全員が会議に出席してくださいますよう。

I request that all of you attend the meeting.

☐ 誰が会議の進行役を務めますか?

Who will chair the meeting?

※chair(〜の司会をする)の代わりに、lead を使っても OK です。

☐ 全員揃(そろ)ったようですね。	Everybody seems to be here.
☐ 会議を始めましょう。	Let's start the meeting. Let's get started. Let's get the meeting started now.
☐ 全員いるようでしたら、始めましょうか？	If we are all here, shall we get started?
☐ 今日は皆様会議に出席していただき、ありがとうございます。	I'd like to thank you all for coming to the meeting today.
☐ まず最初に、本日のゲストのテイラーさんをご紹介致します。	First of all, I'd like to introduce to you our guest for today, Mr. Taylor. ※First of all は「まずは」の意味です。もっと簡単に First と言ってもOK です。
☐ 本日の会議の目的は現在進行中のプロジェクトについて話し合うことです。	The purpose of today's meeting is to discuss our current projects.
☐ 配布資料を回していただけますか？	Could you pass the handouts around?
☐ 皆さん、配布資料をお持ちでしょうか？	Does everybody have a handout?

第10章 ビジネス編

☐ 議題の概要を説明致します。	Let me outline the agenda.
☐ 議題には5つの項目があります。	There are five items on the agenda.
☐ 本日は竹田さんが議事録を取ってくださいます。	Ms. Takeda will be taking the minutes today. ※「議事録」は minutes と言います。
☐ それでは、最初の議題から始めましょう。	Let's start with the first item. ※文末には on the agenda が省略されています。
☐ この問題について何かご意見はおありでしょうか？	Do you have any comments on this issue? Are there any comments on this issue?
☐ 他に何かご意見やご提案はありますか？	Any other comments or suggestions? ※文頭には Are there が省略されています。
☐ 今までのところで何か質問はありますか？	Do you have any questions so far?
☐ 浅田さんは、これについてどう思われますか？	Mr. Asada, what do you think about this?

☐ 皆さんのご意見をお聞きしたいのですが。	**I'd like to hear your opinions.**
☐ 質問してもよろしいですか？	**May I ask you a question?**
☐ ちょっとよろしいでしょうか？	**May I have a word?** **May I interrupt you?** ※どちらも話の途中で確認や質問をしたいときに使うフレーズです。
☐ それとこれとは話しが別です。	**That's beside the point.** ※話がそれていることを指摘するフレーズで、「それは別問題です／それは無関係です」の意味を表します。beside the point（要点から外れて）と off the point は同じ意味です。
☐ 本題から逸れないようにお願いします。	**Please don't get off the track.** ※get off the track は「話が脱線する」の意味です。
☐ 手短にお願いします。	**Please try to be brief.**
☐ 本題に戻りましょう。	**Let's get back to the subject.**
☐ 私はあなたと同意見です。	**I agree with you.**
☐ その点はあなたに賛成です。	**I agree with you on that one.** ※on that one の代わりに、on that point と言うこともできます。

第10章 ビジネス編

申し訳ありませんが、私は同意できません。	**I'm afraid I can't agree with you.** ※can't の後に quite を入れると、「完全には賛成できません」という柔らかい語調になります。
それについてもっと詳しく説明していただけますか？	**Could you be more specific on that?** **Could you elaborate on that?** ※elaborate on 〜は「〜を詳しく述べる」の意味です。 **Could you explain that in more detail?** **Could you go into more details on that?**
採決をしましょう。	**Let's take a vote.**
この問題について採決をします。	**We will vote on this matter.**
この提案に賛成の方は手を挙げてください。	**All in favor of this proposal, please raise your hand.** **Those for this proposal, please raise your hand.** ※Those の前に All を付けても OK です。「〜に賛成で」は in favor of 〜と for 〜を覚えておくと便利です。
この案は全員一致で可決されました。	**This proposal has been adopted unanimously.** ※unanimously は「満場一致で」の意味です。adopted の代わりに、passed や approved などを使うことも可能です。

☐ ここで10分間の休憩を取ります。	We will take a ten-minute break here.
☐ 軽い飲食物をこの部屋の後方に置いてありますので、ご自由に召し上がってください。	The refreshments are at the back of this room, so please feel free to help yourself. ※refreshmentsは「軽い飲食物」の意味です。
☐ それでは、第2の議題に入ります。	Now, let's move on to the second item. ※moveの代わりに、goを使ってもOKです。
☐ 配布資料の3ページのグラフを見てください。	Please take a look at the chart on page 3 of your handout.
☐ 次の議題に進みましょう。	Let's move on to the next item.
☐ 最後の議題に移りましょう。	Let's move on to the last item on the agenda.
☐ この件については次回の会議で引き続き話し合ってはどうでしょうか?	Why don't we continue our discussion on this subject in the next meeting?
☐ では、そうしましょう。	Let's do that then.

第10章 ビジネス編

☐ これで本日の会議を終わります。	**This wraps up today's meeting.** ※wraps up の代わりに、ends や concludes を使っても OK です。 **Now we will close our meeting for today.**
☐ 次の会議はいつになりますか?	**When is the next meeting?** **When will the next meeting be held?**
☐ 次の会議は5月27日に開きます。	**The next meeting will be held on May 27.**
☐ 皆様、ありがとうございました。	**Thank you all for your time and contributions.**

商談・交渉　　　　　　　　　　Disc 2　47

☐ 販売部のウエスト部長を紹介致します。	**I'd like to introduce to you, Mr. West, the sales manager.**
☐ こちらは技術部長のタッカーさんです。	**This is Ms. Tucker, the technical manager.**
☐ 彼は私の同僚のスペンサーさんです。	**He is my colleague, Mr. Spencer.**

☐ 私たちの共同事業が成功することを祈っています。	**I hope our joint venture will be successful.** ※「共同事業」は joint venture や joint project と言います。
☐ それでは本題に入りましょうか？	**Well, shall we get down to business?**
☐ 御社のご提示なさっておられる契約条件について、ご説明をお願いします。	**I'd like you to explain the terms and conditions you have offered.** ※terms and conditions は「契約条件」の意味です。
☐ この但し書きはどういう意味でしょうか？	**What does this fine print mean?** ※契約をする前には、常に fine print（但し書き／詳細規定事項）を注意深く読む必要があります。
☐ この価格は妥当ではないと思います。	**I don't think this price is reasonable.**
☐ この条件では契約はできません。	**We can't accept the contract on these terms.**
☐ 大量注文すれば割引になりますか？	**Do you offer a bulk discount?** ※bulk discount は「大量購入割引」の意味です。 **Do you give a discount on bulk purchases?**
☐ 価格を下げてもらえませんか？	**Can you lower the price?**

第10章 ビジネス編

☐ もっと安くしてもらえませんか？	**Can you offer a better price?**
☐ 15% 値下げするということでいかがでしょうか？	**How about if we lower the price 15%?** ※lower の代わりに、reduce を使っても OK です。 **May I suggest a 15% price cut?**
☐ これが我々の提供できる精一杯の価格です。	**This is the best price we can offer.**
☐ その価格であれば納得できます。	**That price would be acceptable.** ※acceptable の代わりに、agreeable を使うこともできます。
☐ 支払い期日はいつですか？	**When is the payment due?** **When is the deadline for payment?**
☐ 支払い条件はどのようなものですか？	**What are the terms of payment?**
☐ 見積書を修正してからすぐにお送りします。	**As soon as we revise the estimate, we will send it to you.**
☐ 今月中にご契約いただけると大変助かります。	**We would appreciate it very much if you could sign the contract by the end of the month.**

☐ できることはさせていただきます。	**I'll do what I can.** ※「できるだけのことはしてみます／やるだけやってみます」の意味のフレーズです。
☐ ご協力、ありがとうございます。	**Thank you for your cooperation.**
☐ 今後ともよろしくお願い致します。	**We look forward to doing business with you in the future.** **We hope we will continue to have a good business relationship.**

残業・休暇

☐ 報告書はできましたか？	**Have you completed the report?**
☐ それは今日中に終わりますか？	**Can you get it done today?** **Will you be able to finish it by the end of the day?**
☐ もう少し時間がかかりそうです。	**It will take a little more time.** **I need a little extra time.**
☐ 今日は残業することにします。	**I've decided to work overtime today.** ※「残業する」は work overtime と言います。

☐ 有給休暇は年間何日ありますか？	**How many paid vacation days do you have a year?** ※「有給休暇」は paid vacation や paid holiday と言います。
☐ 来月2週間の有給休暇を取る予定です。	**I'm going to take two weeks of paid vacation next month.**

求職・面接　　　　　　　　　　　　　　　Disc 2　49

☐ 簡単に自己紹介をお願いできますか？	面接担当者 **Could you briefly introduce yourself?** **Could you tell us a little bit about yourself?**
☐ 弊社を希望する動機を教えてください。	面接担当者 **Please tell us why you are interested in working for our company.**
☐ 御社の仕事内容が好きだからです。	**Because I like the kind of job you are offering.**
☐ あなたの長所は何ですか？	面接担当官 **What are your strengths?** ※strength の前に major や greatest を入れると「最大の（長所）」くらいの意味になります。
☐ 英語と日本語のバイリンガルです。	**I'm bilingual in English and Japanese.**

☐ コミュニケーション能力に長けていると思います。	I think I have great communication skills.
☐ 私の最大の長所は、何にでも真面目に取り組む姿勢です。	My greatest strength is that I'm truly committed to anything I do.
☐ 気さくで明るいとよく人から言われます。	People often say that I'm friendly and cheerful.
☐ 私は社交的かつマメだと思います。	I think I'm sociable and also organized.
☐ 前の仕事では具体的に何をしていましたか？	**面接担当者** What exactly were you doing at your previous job? ※job の代わりに、position を使うことも可能です。
☐ 人事部の次長をしていました。	I was assistant manager in the personnel department.
☐ 企画部の部長秘書をしていました。	I was working as a secretary for the head of the planning division.
☐ 会社ではどの部署に属していましたか？	What department were you in?

第10章 ビジネス編

	面接担当者
□なぜ前の会社を退職しましたか？	**Why did you leave your previous company?** ※previous の代わりに、last を使うことも可能です。
□よりやりがいのある仕事に就きたかったからです。	**Because I wanted to land a more challenging job.**
□御社のような大企業でより高い地位に就きたかったからです。	**Because I wanted to get a higher position at a large corporation like yours.**
□もし御社に採用していただければ、光栄に存じます。	**I would be honored if you could hire me at your company.**
□いつから出社できますか？	面接担当者 **When could you start working?**
□来週から出社できます。	**I can start work from next week.**
□いつごろお返事をいただけますか？	**When can I expect your answer?**
□合否結果については、書面にてお送りします。	面接担当者 **We will notify you of the results in writing.** ※in writing は「書面で、文書で」の意味です。

ビジネスの決まり文句

勤務時間はどうなっていますか？	When do you work? What are your work hours?
勤務時間は9時から5時までです。	I work from nine to five. I start at nine and get off at five.
いつも何時頃退社しますか？	What time do you usually leave work?
仕事の進捗状況はいかがですか？	How's your work coming along? How are you getting on with your work?
今のところ順調です。	So far, so good.
すべてスケジュール通りです。	Everything is on schedule.
少し遅れています。	It's a little bit behind schedule.
それを終えるのにあとどのくらいかかりますか？	How much longer will it take to finish it?

第10章 ビジネス編

☐ 締め切りはいつですか?	**When is the deadline?**	
☐ 応募の締め切り日はいつですか?	**When is the deadline for the application?** ※「〜の締め切り」と言う場合は、deadline の直後に for 〜を付けます。	
☐ 締め切りに間に合いますか?	**Can you manage to meet the deadline?** ※manage to *do* は「どうにか〜する」、meet the deadline は「締め切りに間に合う」の意味です。	
☐ 必ず締め切りを守ってください。	**Please make sure to meet the deadline.**	
☐ あなたのおっしゃる通りです。	**You're right.** **You said it.** **You can say that again.**	
☐ 僭越ながら、私はそうは思いません。	**With all due respect, I don't think so.** ※With all due respect(失礼ながら)は、丁寧に反論するときの前置きとして使う表現です。	

☐ 私はあなたに全く賛成です。	**I completely agree with you.** ※completely の代わりに、totally や absolutely を使っても OK です。 **I agree with you 100%.** **I couldn't agree with you more.** ※with you は省略しても構いません。
☐ 私はあなたに全く反対です。	**I completely disagree with you.** **I'm totally opposed to your idea.** ※be opposed to ～は「～に反対である」の意味です。 **I couldn't disagree with you more.**
☐ あなたはそれに賛成ですか、反対ですか？	**Are you for or against it?**
☐ 今すぐに賛成・反対は言えません。	**I can't say yes or no right now.**
☐ つまりこういうことです。	**Let me put it this way.** ※すでに発言したことを別の言い方で説明したいときに使うフレーズです。
☐ あなたはどの立場を取りますか？	**What's your stand?** **Where do you stand?**
☐ 私だったら、そんなことはしません。	**I wouldn't do that if I were you.** ※if I were you は「もしも私があなたの立場だったら」の意味です。

第10章 ビジネス編

☐ それが私の見方です。	**That's my point of view.**	

※ point of view（見方）の代わりに、viewpoint や standpoint, perspective などを使っても OK です。

That's the way I see it.

☐ 議論が堂々巡りしているようです。

It seems that we're running in circles.

※「堂々巡りする」は run in circles と言います。

☐ こんな議論をしていてはらちが明きません。

This discussion won't get us anywhere.

Such a discussion will get us nowhere.

☐ やっと意見がまとまり、とても嬉しく思います。

I'm very happy that we've finally reached a consensus.

※ reach a consensus は「意見の一致を見る、合意に達する」の意味です。

☐ お手数ですが、アンケート用紙にご記入いただけますか？

Could you take a few minutes and fill out the questionnaire?

※「アンケート（用紙）」は questionnaire と言います。

☐ 早ければ早いほど良いです。

The sooner, the better.

※ <比較級＋比較級> の構文です。「早いに越したことはない」の意味です。

☐ いつでもご連絡ください。	Please contact me anytime. Please feel free to contact me at any time.
☐ 何かあれば、遠慮なく言ってください。	If you need any help, please feel free to ask me. If there's anything I can do for you, please don't hesitate to let me know.
☐ 先日はどうもありがとうございました。	Thank you very much for the other day.
☐ 今夜はおもてなしをありがとうございました。	Thank you for your hospitality tonight.
☐ この度は本当にいろいろとお世話になりました。	Thank you very much for everything. Thank you very much for all that you have done for me.

単語コラム

ビジネス語彙

本社	headquarters / head office	締め切り	deadline
支社	branch (office)	在庫	stock / inventory
部署	department / division	事務用品	office supplies
子会社	subsidiary	卸売業者	wholesaler
合併	merger	小売業者	retailer
倒産	bankruptcy	工場	plant / factory
社長	president	倉庫	warehouse
重役	executive	会議	conference / meeting
管理職	supervisor	議題	agenda
従業員	employee	議事録	minutes
同僚	colleague / coworker	契約	contract / agreement
見積書	estimate / quote	給与	paycheck / salary
送り状	invoice	有給休暇	paid holiday / paid vacation
請求書	bill	業績	performance
経費	expense	広告	advertisement
予算	budget	応募者	applicant / candidate
投資	investment	面接	interview
株主	shareholder / stockholder	一時解雇	layoff
収益	profit		
四半期	quarter		

第11章

男女交際編

あなたを待っている人は日本ではなくて、もしかして外国にいるかもしれません。どこの国であれ、「この人かな？」とビビッと来たときには、躊躇せずに堂々と相手を誘ったり、告白したりできなければなりません。ここでは、恋愛でよく使う表現のほか、結婚式で使うフレーズや、対話相手の結婚生活についてたずねる表現も収録しています。

1 恋愛と恋人

恋人の紹介からデートの誘い、告白まで、いざというときに心強いフレーズです。

独身

Disc 2　51

あなたは独身ですか？	Are you single?
私は結婚していません。	I'm not married.
今付き合っている人はいますか？	Are you seeing anyone? Are you dating anyone?
私には彼女がいます。	I have a girlfriend.
私には彼がいます。	I have a boyfriend.
彼女とはどれくらい交際していますか？	How long have you been dating her?
交際し始めてもう3年になります。	It's been three years since we started dating.
彼女ができたばかりです。	I've just got a girlfriend.

□これという男性が現れるまで待つつもりです。	I'll wait until the right man comes along.

※right man は「ふさわしい男性、ぴったりの男性」の意味です。

結婚相手の紹介　　　　　　　Disc 2　52

□どんな人と結婚したいですか？	What kind of person would you like to marry?
□背の高い人がいいです。	I'd like to marry someone who is tall.
□優しい人がいいです。	I'd like to marry someone who is kind.
□私は高学歴で高年収のイケメンがいいです。	I'd like someone who is well-educated, has a high income, and is good-looking.
□条件が高すぎませんか？	Aren't your standards too high?
□いい人を紹介しましょうか？	Shall I introduce someone good for you?
□よろしくお願いします。	That would be great.

第11章　男女交際編

☐ 彼は私の理想の男性です。	He's my dream date.
☐ 彼女は私のタイプではありません。	She's not my type.
☐ 彼女はどんな感じの人ですか？	What is she like? What kind of person is she?

馴れ初め　　　　　　　　　　　　Disc 2) 53

☐ お二人の馴れ初めは？	How did you two meet? How did you get to know each other?
☐ 私たちは幼なじみです。	We were childhood friends.
☐ 私たちは高校の同級生です。	We were high-school classmates.
☐ 私たちは大学で同じクラブでした。	We were in the same club in college.
☐ 私たちは社内恋愛です。	We met at work.
☐ 私たちは友達の紹介で知り合いました。	We were introduced by a mutual friend. ※mutual friend は「共通の友達」の意味です。

☐ 私たちはお見合いです。	We had an arranged marriage.	

デートの誘い　　Disc 2) 54

☐ 今晩、お時間ありますか?	Do you have time tonight?
☐ 仕事の後、空いてますか?	Are you free after work? Do you have any plans after work?
☐ 夕食に行きませんか?	Would you like to go to dinner?
☐ ええ、喜んで。	Yes, I'd love to.
☐ 明日一緒に映画を見に行きませんか?	Would you like to go to the movies with me tomorrow?
☐ いつどこで待ち合わせしましょうか?	When and where shall we meet?
☐ 駅前のスターバックスで5時半はどうでしょうか?	How about if we meet at the Starbucks in front of the station at 5:30?

告白　　Disc 2) 55

☐ あなたのことが好きです。	I like you.

☐ あなたのことを愛しています。	I love you.
☐ 私はあなたに一目惚れしました。	I fell in love with you at first sight.
☐ 付き合ってくれませんか?	Will you go out with me?

失恋　　　　　　　　　　　　　　　　　　　　Disc 2) 56

☐ 私たちは先月別れました。	We broke up last month.
☐ 私は彼女に振られました。	I was dumped by my girlfriend.
☐ 彼は私を捨てました。	He dropped me. ※dropped の代わりに、dumped を使うこともできます。drop も dump も「〜を捨てる」の意味です。

失恋の慰め　　　　　　　　　　　　　　　　　Disc 2) 57

☐ そのことで悲しまないでください。	Don't feel sad about it.
☐ そう落ち込まないでください。	Don't be so depressed.
☐ きっとまたいい人が現れますよ。	I'm sure you'll meet someone else.

セクシャルハラスメント　　Disc 2 ⟩ 58

□ セクハラに遭いました。

I was sexually harassed.

□ どうすればよいでしょうか？

What should I do?

What am I supposed to do?

□ 警察に通報すべきです。

You should call the police.

□ あの男はキモい人です。

That man is a creep.

※creep は「薄気味悪い人」の意味です。なお、コーヒーに入れる粉末ミルクは Creap です。

□ 彼はストーカーです。

He is a stalker.

第11章　男女交際編

2 結婚と夫婦

プロポーズから結婚式・披露宴、夫婦生活の話題にまで対応できるフレーズの数々です。

プロポーズ　　　　　　　　　　　　　　　　Disc 2 > 59

□ 僕と結婚してくれる？　　　**Will you marry me?**

□ 結婚しましょう。　　　　　**Let's get married.**

□ 私たち、結婚しましょうか？　**Shall we get married?**

□ 僕は必ず君を幸せにします。　**I promise to make you happy for sure.**

□ ちょっと考えさせてください。　**Let me think about it.**

□ まだ結婚したくありません。　**I don't want to get married yet.**

結婚式・披露宴で　　　　　　　　　　　　　Disc 2 > 60

□ ご結婚おめでとうございます。　**Congratulations on your marriage.**

※on your marriage は省略して、Congratulations. だけでも OK です。また、on your marriage の代わりに、on your wedding と言うことも可能です。

□ 本当によかったですね。　**I'm very happy for you.**

☐	本当にお似合いですよ。	You look great together. You make a perfect match. ※match の代わりに、couple を使っても OK です。
☐	どうぞ末永くお幸せに。	I wish you great happiness. I hope you'll be happy forever together.
☐	今日は披露宴に招待してくださって本当にありがとうございます。	Thank you very much for inviting me to your wedding reception today.
☐	あなたは新婦のお友達ですか、それとも新郎のお友達ですか？	Are you a friend of the bride or the groom? ※「新婦」は bride、「新郎」は groom や bridegroom と言います。
☐	おいしい料理に豪華な会場ですね。	The food is great and the place is gorgeous.

結婚　　　　　　　　　　　　　　　　Disc 2 ） 61

☐	私たちは来月結婚します。	We will get married next month.
☐	結婚式と披露宴にご出席いただけますか？	Would you attend our wedding and reception?
☐	喜んで出席させていただきます。	I'd be very happy to attend.

第11章　男女交際編

□ 新婚さんですよね?	You've just gotten married, right?
□ 私たちは先月結婚しました。	We got married last month.
□ 新婚旅行はどこに行かれましたか?	Where did you go for your honeymoon?

夫婦

Disc 2) 62

□ あの夫婦はとても仲がいいです。	That couple gets along well.
□ 彼らはアツアツです。	They are in love. ※文末に with each other を付けても OK です。
□ 彼女は妊娠しています。	She is expecting. ※expecting の後には a baby が省略されています。 She is pregnant.
□ 予定日はいつですか?	When is the baby due? When are you expecting?
□ 6月に出産の予定です。	I'm expecting a baby in June.
□ 彼女は妊娠何ヶ月ですか?	How many months pregnant is she?

☐ 彼女は妊娠5ヶ月です。	She's five months pregnant.
☐ あの夫婦はかわいいです。	That couple is cute.
☐ あんな夫婦は珍しいです。	That kind of couple is rare.

浮気・離婚　　　　　　　　　　　　　　Disc 2　63

☐ 彼らは別居しています。	They are living separately.
☐ 彼は浮気をしています。	**He is having an affair.** ※affair は「浮気、不倫」の意味です。 **He is cheating on his wife.** ※cheat on ～は「～を裏切って浮気をする」の意味です。
☐ 私は昨年離婚しました。	I got divorced last year.
☐ どうして離婚したんですか？	Why did you get divorced?
☐ 性格の不一致というやつです。	**We had a personality conflict.** ※「性格の不一致」は personality conflict と言います。
☐ これで私はバツ二(に)になりました。	This was my second divorce.

第11章　男女交際編

☐ 彼は結婚前から二股をかけていました。

He was two-timing even before marriage.

※two-time は「二股をかける」の意味です。

第12章

医療・保健編

海外旅行にトラブルはつきもの。体調を崩したり、思わぬアクシデント・怪我に遭遇することもあります。医者にかかるときには、自分の容態を正確に伝えることが大切です。この章では医師とのやりとりで使うフレーズを詳しく紹介します。他にも、薬局で薬を求めるときの表現や、お見舞いに出かけたり、マッサージを受けたりするときの表現も収録しています。

1 病院に行く

まず医師に正確に症状を伝えることが重要です。基本的な病状・病名も覚えましょう。

不調を訴える　　　　　　　　　　　　　　　　　Disc 2　64

☐ 体調が悪いです。

I don't feel well.

☐ 気分が悪いんです。

I feel sick.

☐ 今朝からずっと体調がよくありません。

I've been sick since this morning.

☐ 医者に診てもらった方がいいですよ。

You should go see a doctor.
※go と see の間には to あるいは and が省略されています。

☐ 病院に連れて行ってくださいますか？

Could you take me to the hospital?

☐ クリニックに電話してもらえますか？

Could you call the clinic?

☐ 医者を呼んでもらえますか？

Could you send me a doctor?

☐ 呼吸がほとんどできません。

I can hardly breathe.

☐ 心臓がすごく痛いんです。

I have severe heart pain.

☐ 救急車を呼んでください。	**Please call an ambulance.** ※「救急車」は ambulance と言います。
☐ 救急車はもうすぐ来ます。	**The ambulance is on its way.**

医師との会話　　　　　　　　　　　　Disc 2　65

☐ どうされましたか?	医師 **What seems to be the problem?** **What brings you here?** ※元の意味は「どのような用件でこちらに来られましたか?」で、医師が患者に使うフレーズでもあります。
☐ どんな症状がありますか?	医師 **What are your symptoms?**
☐ 頭痛がひどいんです。	**I have a terrible headache.**
☐ 腹痛がひどいんです。	**I have a bad stomachache.**
☐ 熱があって喉が痛みます。	**I have a fever and a sore throat.**
☐ 頭がふらふらします。	**I feel dizzy.**
☐ 寒気がします。	**I have the chills.**
☐ 体温を測ってみましょう。	医師 **I'll take your temperature.** ※take の代わりに、check を使うこともあります。

第12章　医療・保健編

□ 101度の熱がありますね。	医師 **You have a fever of 101 degrees.** ※Fahrenheit（華氏）とCelsius（摂氏）の違いに慣れておきましょう。
□ 吐き気がします。	**I feel like throwing up.** **I feel sick to my stomach.**
□ 下痢をしています。	**I have diarrhea.** ※「下痢」は diarrhea [dàiəriːə] と言います。 **I have the runs.**
□ いつからですか？	医師 **When did it start?** **Since when?**
□ 昨日からです。	**It started yesterday.** **Since yesterday.**
□ この状態がどのくらい続いていますか？	**How long have you been like this?**
□ 3日間くらいです。	**For about three days.**
□ 食欲はどうですか？	医師 **How's your appetite?** ※「食欲」は appetite と言います。
□ 食欲はあまりありません。	**I have a poor appetite.**

☐ 食欲はほとんどありません。	I have little appetite.
☐ 食欲はまったくありません。	I have no appetite.
☐ 食欲はあります。	I have an appetite.
☐ ぜんそくが起きました。	I've had an asthma attack. ※「ぜんそく」は asthma [ǽzmə]と言います。
☐ 私はぜんそく持ちです。	I have asthma.
☐ 咳が止まりません。	I can't stop coughing.
☐ 鼻水が止まりません。	I have a runny nose.
☐ 物もらいができたようです。	I think I've got a sty in my eye.
☐ じんましんが背中に出ました。	I've got hives on my back.
☐ 今何か薬を飲んでいますか？	医師 Are you on medication now? Are you on any prescriptions now?
☐ 血圧の薬を飲んでいます。	I take blood pressure drugs.

第12章 医療・保健編

☐ 足首を捻挫しました。	**I sprained my ankle.**	

※sprain は「〜をくじく」、ankle は「足首」の意味です。

☐ 指をナイフで切ってしまいました。 **I cut my finger with a knife.**

☐ 転んで、背中を強く打ちました。 **I tripped and hit my back hard.**
※trip は動詞で「つまずく、転ぶ」の意味を表します。

医師の診断　　　　　　　　　　　　　　Disc 2　66

☐ 鎮痛剤を処方します。
医師
I'll prescribe a painkiller for you.
※「鎮痛剤」は painkiller と言います。

☐ 抗生物質を処方します。
医師
I'll prescribe antibiotics for you.
※「抗生物質」は antibiotics と言います。

☐ 処方箋を出します。
医師
I'm going to give you a prescription.
※give の代わりに、write を使うこともあります。

☐ 1日3回食後に飲んでください。
医師
Please take it three times a day after meals.

☐ 水を十分に飲んでください。
医師
Please drink plenty of water.

☐ 睡眠を十分に取ってください。
医師
Please get enough sleep.

□	季節性のアレルギー性鼻炎にかかっておられます。	医師 You have a seasonal nasal allergy.
□	薬のアレルギーはありますか？	医師 Do you have an allergy to any medications? Are you allergic to any drugs?
□	今何か飲んでいる薬はありますか？	医師 Are you taking any medication?
□	漢方薬をいただくことはできますか？	May I have Chinese herbal medicine?
□	何か特に気をつけることはありますか？	Is there anything in particular I should be aware of?
□	病名は何でしょうか？	What's the name of my sickness?
□	ただの便秘です。	医師 It's just constipation.
□	ただの風邪です。	医師 It's just a cold.
□	インフルエンザです。	医師 It's the flu. ※「インフルエンザ」は、influenza または省略形の flu と言います。
□	インフルエンザが今流行っています。	医師 The flu is going around now.

☐ マスクをしたり、うがいをするといいですよ。	医師 You should wear a mask and gargle.
☐ 点滴をしましょう。	医師 I'll give you an IV. ※「点滴」は intravenous drip（= IV）と言います。
☐ 血圧を測りましょう。	医師 Let me take your blood pressure.
☐ 血液検査を行います。	医師 I'll give you a blood test.
☐ 肺炎かもしれないので、レントゲンを撮ります。	医師 You might have pneumonia, so I'll take an X-ray for you. ※「肺炎」は pneumonia、「レントゲン写真」は X-ray と言います。
☐ おめでたですよ。	医師 You're pregnant.

支払い　　　　　　　　　　　　　　　Disc 2 ▶ 67

☐ 医療費はどこで支払うのですか？	Where do I pay my medical bill?
☐ 1階の2番窓口でお願いします。	病院 Go to window number 2 on the first floor.
☐ 医療保険に加入しておられますか？	病院 Do you have health insurance?
☐ 旅行保険に入っています。	I have travel insurance.

☐ 領収書をお願いします。	I'd like a receipt, please.

お見舞い　　　　　　　　　　　　　　　Disc 2　68

☐ 具合はいかがですか？	How do you feel? How are you feeling?
☐ だいぶ良くなりました。	I feel much better.
☐ すっかり良くなりました。	I'm all better.
☐ 順調に回復しています。	I'm recovering well.
☐ 熱はまだありますか？	Do you still have a fever?
☐ 顔色がいいですね。	You look good.
☐ 先生は何と言っておられましたか？	What did the doctor say?
☐ 焦(あせ)らずにゆっくり休んでください。	Take it easy and get some rest.
☐ 早く良くなってくださいね。	I hope you will get well soon. ※病人に対して「お大事に」と言いたい場合にも使えるフレーズです。

□ 病院の食事はどうですか？	How's the food at the hospital?
□ 結構おいしいです。	It's not bad.
□ 何か食べたいものはありますか？	Is there anything special you want to eat?
□ 退院はいつごろですか？	When will you get out of the hospital?
□ いつ退院できるかわかりません。	I have no idea when I'll be released. ※released の代わりに、discharged を使っても OK です。
□ そろそろ失礼します。	I guess I should get going.
□ どうぞお大事に。	Get well soon. Please take care of yourself.
□ お見舞いに来ていただいてありがとうございました。	Thank you for coming to see me.

単語コラム

病状・病名

頭痛	headache	白内障	cataract
腹痛	stomachache	緑内障	glaucoma
咽頭痛	sore throat	肺炎	pneumonia
扁桃腺炎	tonsillitis	喘息	asthma
咳	cough	結核	tuberculosis TB
痰	phlegm	偏頭痛	migraine
口内炎	canker sore	脳卒中	stroke
微熱	slight fever	心不全	heart failure
吐き気	nausea	心臓発作	heart attack
胸焼け	heartburn	高血圧	hypertension
嘔吐	vomiting	白血病	leukemia
下痢	diarrhea	胃炎	gastritis
便秘	constipation	肝炎	hepatitis
花粉症	pollinosis hay fever	虫垂炎	appendicitis
打撲	bruise	糖尿病	diabetes
捻挫	sprain	癌	cancer
火傷	burn	おたふくかぜ	mumps
出血	breeding	はしか	measles
物もらい	sty	水痘	chickenpox
充血	blood shot	破傷風	tetanus

第12章 医療・保健編

2 薬局とマッサージ

薬局で薬を購入するときに役立つフレーズです。マッサージの表現も紹介します。

薬局に行く　　Disc 2　69

□ 薬局はどこにありますか?	Where is a drugstore?
□ パーク通りにあるのが、たぶんここから一番近いでしょう。	The one on Park Avenue is probably the closest to here.
□ 風邪薬はありますか?	Do you any cold medicine?
□ 目薬はありますか?	Do you have eye drops?
□ バンドエイドはありますか?	Do you have any Band-Aids?
□ 体温計はありますか?	Do you have a thermometer? ※「体温計」は thermometer [θərmámətər]と言います。
□ この処方箋を調合してもらえますか?	Can I get this prescription filled?
□ この薬はどう飲めばよいのですか?	How do I take this medicine?

☐ 1日3回食前に飲んでください。	薬局	**Take it three times a day before meals.**
☐ 1日3回食後に飲んでください。	薬局	**Take it three times a day after meals.**
☐ 4時間おきに飲んでください。	薬局	**Take it every four hours.**
☐ この薬にはどんな副作用がありますか？		**What kind of side effects does this medicine cause?** ※「副作用」は side effect と言います。
☐ 服用後、眠気を催すかもしれません。	薬局	**You might feel sleepy after you take it.** **It might cause sleepiness.**

第12章 医療・保健編

単語コラム

身体

頭	head	尻	buttocks
顔	face	腕	arm
額	forehead	肘	elbow
こめかみ	temple	手首	wrist
目	eye	手	hand
眉	eyebrow	指	finger
鼻	nose	親指	thumb
口	mouth	爪	nail
唇	lip	脚	leg
顎	jaw	腿	thigh
耳	ear	膝	knee
耳たぶ	earlobe	向こうずね	shin
首	neck	ふくらはぎ	calf
喉	throat	足首	ankle
肩	shoulder	アキレス腱	Achilles tendon
胸	chest / breast(女性)	足	foot
腹	stomach	踵	heel
背中	back	足裏	sole
腰	hip	足指	toe

マッサージに行く

Disc 2 — 70

☐ 首と肩がかなり凝っています。
I have a bad stiff neck and shoulders.

☐ マッサージをしてもらってはいかがですか?
Why don't you go get a massage?

☐ カイロに行くといいですよ。
You should go see a chiropractor.

☐ 針治療が効くかもしれません。
Acupuncture might work for you.

☐ 診療料金はいくらですか?
How much is the treatment?

☐ 30分で30ドルです。
【施術者】
Thirty dollars for thirty minutes.

☐ うつぶせになって寝てください。
【施術者】
Please lie on your stomach.
※ lie on your stomach の代わりに、lie face down と言うこともできます。その反対の「あおむきに寝る」は、lie on your back や lie face up と言います。

☐ 痛かったら言ってください。
【施術者】
Please tell me if it hurts.

☐ そこが痛いです。
It hurts there.

第12章 医療・保健編

☐ もう少しゆっくりお願いします。	Please be more gentle.
☐ とても気持ちがいいです。	That feels very good.

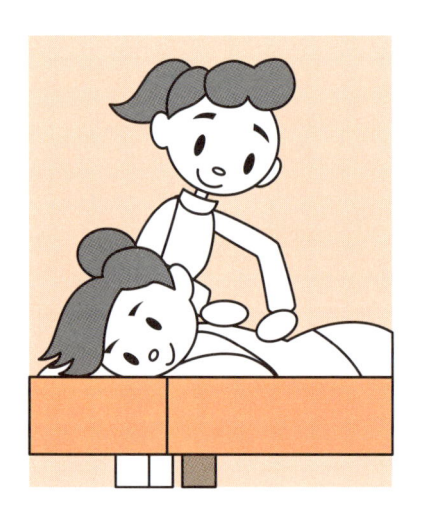

第13章

感情表現編

感謝する・褒める・願う・詫びる・悲しむ・怒るといったさまざまな感情を相手に伝えるフレーズをまとめて紹介します。感情表現には喜怒哀楽を含めて、ポジティブなものもネガティブなものもあります。自分の正直な気持ちを相手に伝えるための定型表現はそのまましっかりと覚えて、いつでも自由に使えるようにしておきましょう。

1 感謝する・褒める・願う・励ます

ポジティブな感情を表すフレーズをまとめて紹介します。

感謝する　　　　　　　　　　　　　　　　　　　Disc 2　71

□ありがとうございます。
Thank you.
※「ありがとう」に相当するカジュアルな表現としては、Thanks a million. や I owe you one. などもあります。

□本当にありがとうございます。
Thank you very much.
※very much の代わりに、so much もよく使われます。

I really appreciate it.

I'm very grateful to you.

□感謝のしようもありません。
I can't thank you enough.

□なんとお礼を言えばよいのか分かりません。
I don't know how to thank you.

□ご協力に感謝致します。
Thank you for your cooperation.

I appreciate your cooperation.

おめでたい　　　　　　　　　　　　　　　　　　Disc 2　72

□お誕生日おめでとうございます。
Happy birthday.

☐ 明けましておめでとうございます。	**Happy New Year.**
☐ お子さんのご誕生おめでとうございます。	**Congratulations on the birth of your baby.** ※Congratulations の代わりに、略式の Congrats を使えば、「お子さんのご誕生おめでとう」のようなくだけた表現になります。
☐ 大学合格おめでとうございます。	**Congratulations on getting into college.**
☐ 昇進おめでとうございます。	**Congratulations on your promotion.**
☐ 就職おめでとうございます。	**Congratulations on getting a job.**

嬉しい　　　Disc 2 ▶ 73

☐ 本当に嬉しいです。	**I'm very happy.**
☐ それを聞いて本当に嬉しいです。	**I'm very happy to hear that.**
☐ 本日来てくださって本当に嬉しいです。	**I'm so glad you could come today.**
☐ お役に立てて嬉しいです。	**I'm glad I could help.**

第13章 感情表現編

☐ またお会いできて本当に嬉しいです。	It's so good to see you again.
☐ これってまるで夢みたいです。	This is like a dream come true.
☐ こんなに嬉しいことはありません。	I can't tell you how happy I am.
☐ 嬉しくて涙が出そうです。	I'm so happy I could cry. ※happy の後には that が省略されています。いわゆる < so ～ that > の構文です。

感動する　　　Disc 2　74

☐ 感動的ですね。	It's very moving. It's very touching.
☐ 感動しました。	I was really touched. It really got to me.
☐ それは感動的な眺めでした。	It was an impressive view.
☐ それは本当に感動的な体験でした。	That was a really inspiring experience.

満足する　Disc 2 〉75

□ 私は自分の人生に満足しています。
I'm satisfied with my life.

□ その結果に満足していますか。
Are you happy with the result?
※ happy の代わりに、satisfied や pleased を使っても OK です。

うらやましい　Disc 2 〉76

□ うらやましいなあ。
I wish I were you.

You are so lucky.

I envy you.

□ 彼は背が高くて頭が良くてハンサムで、うらやましいです。
He's tall, smart and handsome, and I'm envious of him.

□ 彼女は本当にスタイル抜群で、うらやましいです。
She has a great figure, and I wish I were like that.

褒める　Disc 2 〉77

□ とてもすばらしいです。
That's excellent.

□ よくがんばりました。
You did well.

□ よくやったね。
You did a good job.
※ 簡単に Good job! と言うこともあります。

第13章　感情表現編

| □ あなたを誇りに思います。 | I'm proud of you. |

願う　　　　　　　　　　　　　　　Disc 2 ｜ 78

□ 万事順調にいきますように。	I hope everything will go well for you.
□ ご健康でありますように。	May you be in good health.
□ あなたの夢がかないますように。	May your dreams come true.
□ あなたの家族の幸せをお祈りします。	I wish all the best to your family.

励ます　　　　　　　　　　　　　　Disc 2 ｜ 79

□ がんばってね。

Good luck.
※「うまく行くといいね」というニュアンスです。試験を控えている人などに使います。

Give it your all.
※「全力を尽くして頑張ってね」というニュアンスです。

□ その調子でがんばってください。

Keep up the good work.
※仕事や勉強などでよく頑張っている人に使います。

□ 祈っているからね。

I'm praying for you.
※本当に相手のために祈っている場合に使います。

☐ うまくいくように祈ってるからね。	**I'll keep my fingers crossed for you.** ※実際に祈る気はなくても相手を思いやる場合に使います。

安心する・リラックスする　　Disc 2　80

☐ それを聞いて安心しました。	**I'm relieved to hear that.** **That's a relief to hear.**
☐ その知らせを聞いてほっとしました。	**I was relieved to hear the news.**
☐ リラックスして楽しんでください。	**Just relax and have fun.**

第13章　感情表現編

2 詫びる・赦す・慰める・怒る

謝罪や赦し、慰めの表現に加えて、クレームなど日常生活でよく使うフレーズが中心です。

緊張する　　　　　　　　　　　　　　　　　　　Disc 2 > 81

- [ ] 緊張しています。

    I'm nervous.

    I have butterflies in my stomach.
    ※have butterflies in *one's* stomach は「胃の中で蝶が羽ばたいている→そわそわと落ち着かない」の意味で、何か重要なことが始まる前の緊張感を表現する熟語です。

- [ ] 胸がドキドキします。

    My heart is racing.

- [ ] あがってきました。

    I've got stage fright.

詫びる　　　　　　　　　　　　　　　　　　　　Disc 2 > 82

- [ ] すみません。

    I'm sorry.

- [ ] 本当に申し訳ございません。

    I'm terribly sorry.
    ※terribly の代わりに、very や awfully を使っても OK です。

- [ ] お詫びのしようもございません。

    I couldn't be more sorry.

- [ ] あんなことして、すみませんでした。

    I'm sorry for what I did.
    ※I'm sorry for の for は about に変えても OK です。

☐ 私の発言についてお詫びします。	I'm sorry for what I said.
☐ 私のせいです。	That's my fault.
☐ それはすべて私のせいです。	It's all my fault.
☐ どうかお赦しください。	Please forgive me.
☐ 赦していただけますか?	Would you accept my apology?

赦す　　　　　　　　　　Disc 2 83

☐ 気にしないでください。	Don't worry.
☐ もう忘れてください。	Please forget about it.
☐ もう水に流しましょう。	Let's forgive and forget.
☐ もういいですよ。	I accept your apology.
☐ あなたを赦します。	I forgive you.

悲しみ・落胆　　　　　　Disc 2 84

☐ 悲しい気持ちです。	I'm sad.

☐ 悲しみに沈んでいます。	I'm lost in sadness.
☐ 気分が落ち込んでいます。	I'm down. I'm depressed.
☐ やる気が出ません。	I don't feel like doing anything.
☐ 絶望的です。	I'm hopeless.
☐ このことで最近ずっと悩んでいます。	This has been bothering me lately. ※bothering の代わりに、bugging を使っても OK です。
☐ あなたがいなくてとても寂しいです。	I miss you so much.

お悔やみ　　　　　　　　　　　　　Disc 2 ▶ 85

☐ 心からお悔やみ申し上げます。	Please accept my deepest sympathy. You have my heartfelt sympathy. I'd like to offer my deepest condolences.

☐ お母様のご逝去、心よりお悔やみ申し上げます。	Please accept my sincere condolences on the loss of your mother. You have my deepest sympathy for the loss of your mother.

慰める　　Disc 2　86

☐ きっと大丈夫です。	You'll be fine.
☐ 元気を出してください。	Cheer up.
☐ あきらめないでください。	Don't give up. Keep your hopes up.
☐ あまり悲しまないでください。	Don't get too sad.
☐ 心配しないでください。	Don't worry.

怒る　　Disc 2　87

☐ 怒っています。	I'm angry. I'm mad.
☐ 本当に腹が立ちました。	I really got upset.

第13章　感情表現編

☐ 彼には頭に来ます。	He drives me crazy.
☐ 彼には本当にムカつきます。	I'm really disgusted with him.
☐ 彼はうざいです。	He is annoying.
☐ 彼はすぐにキレます。	He gets angry too easily.
☐ 彼女にはイライラさせられます。	She's irritating me. She gets on my nerves.
☐ 彼女は自己中心的です。	She is self-centered.
☐ もううんざりです。	I've had enough of it. I'm sick and tired of it.
☐ 話になりません。	That's nonsense.
☐ そんなことあり得ません。	That's impossible.
☐ 何が言いたいんですか?	What are you trying to say? What are you driving at?

☐ 冗談じゃない。	It's no joke.
☐ いいかげんにしてくれ。	Give me a break.
☐ 私は本気ですよ。	I'm serious.
☐ だからどうだって言うんだ？	So what?
☐ どうでもいいじゃないか。	Who cares?

文句・クレーム　　Disc 2　88

☐ お宅のサービスには本当にがっかりしました。	I'm very disappointed with your service.
☐ どうしてこうなったのか説明してください。	Please explain why this happened.
☐ どうしてくれるんですか？	What are you going to do about that?
☐ 責任を取ってください。	Please take responsibility.
☐ 責任者と話をさせてください。	Let me talk to someone in charge.

第13章　感情表現編

疲れる　　　Disc 2　89

☐ ちょっと疲れました。　　I'm kind of tired.
　　　　　　　　　　　　I'm a little tired.

☐ もうくたくたです。　　　I'm really tired.
　　　　　　　　　　　　I'm worn out.

第14章

時候のあいさつ・季節のイベント編

時候のあいさつはビジネス文書や手紙、はがきのような書き言葉(礼儀文)だけでなく、会話の中で用いられるものもたくさんあります。また、日本だけでなく、アメリカなどの海外に行っても、年中行事についてのちょっとした知識を蓄えておけば、現地の人と一緒により楽しい休日を送れるはずです。

1 時候のあいさつ

英語圏での時候のあいさつのうち、代表的なもののみを紹介します。

おめでたいあいさつ　　　　　　　　　　　　　　Disc 2) 90

□ 明けましておめでとうございます。
Happy New Year!
※カードには A Happy New Year! と書かれることが多いですが、会話では冠詞の A を付けません。

□ バレンタインデーおめでとう。
Happy Valentine's Day!

□ イースターおめでとう。
Happy Easter!

□ 母の日、おめでとう。
Happy Mother's Day!

□ 父の日、おめでとう。
Happy Father's Day!

□ 感謝祭おめでとう。
Happy Thanksgiving!

□ メリー・クリスマス!
Merry Christmas!

2 季節のイベント

英語圏(特にアメリカ)での季節のイベントに合わせた便利なフレーズを紹介します。

1月～6月まで　　　　　　　　　　　　　　　Disc 2　91

- [ ] あなたの国のお正月はどんな感じですか？

  What's New Year's like in your country?

  ※お正月の過ごし方は国によって様々です。このような質問をすると何か面白い発見があるでしょう。

- [ ] 元旦には何をする予定ですか？

  What are you going to do on New Year's Day?

- [ ] 自宅のテレビでローズボールを見ます。

  I will watch the Rose Bowl on TV at home.

  ※アメリカ人の多くは1月1日に全米大学フットボール選手権大会「ローズボール」を観戦します。

- [ ] 新年の抱負を決めましたか？

  Did you make any New Year's resolutions?

  ※New Year's resolution は「新年の抱負／決意」の意味です。

- [ ] バレンタインデーに何かもらいましたか？

  Did you receive anything on Valentine's Day?

- [ ] はい、彼氏からチョコレートとバラの花束をもらいました。

  Yes, I received chocolates and a rose bouquet from my boyfriend.

  ※アメリカのバレンタインデー(2月14日)は日本と反対で、男性から女性にチョコレートとバラの花を贈ります。

時候のあいさつ・季節のイベント編　第14章

☐ イースターは何を祝う日ですか？	**What do you celebrate on Easter?** ※イースター（復活祭）は十字架に架けられたイエス・キリストが3日後に復活したことを祝う日で、「春分の日の後の最初の満月の次の日曜日」と決められています。3月21日から4月24日の間で毎年日付が変わる移動祝祭日です。
☐ イースターはイエス・キリストの復活を祝う日です。	**Easter is a holiday celebrating the resurrection of Jesus Christ.** ※resurrectionは「復活、よみがえり」の意味です。
☐ 母の日には何をしますか？	**What do you do for Mother's Day?** ※アメリカは日本と同じく、母の日（Mother's Day）は5月の第2日曜日に祝われます。
☐ 多くの人は母親に花を贈ります。	**Many people give flowers to their mothers.**
☐ 父の日にも何かをプレゼントしますか？	**Do you also give any gifts on Father's Day?** ※アメリカは日本と同じく、父の日（Father's Day）は6月の第3日曜日に祝われます。
☐ 人によっていろいろです。	**It depends on the person.** **It varies from person to person.** ※母の日はたいていカーネーションですが、父の日はバラを贈る人が多いようです。花の代わりに、カードだけを渡す人もいますし、一緒に食事をする人もいます。

7月～12月まで　　　　　　Disc 2　92

☐ 独立記念日はいつですか？	**When is Independence Day?**

☐ 7月の4日です。	**It's July 4th.** ※「独立記念日」は Independence Day のほか、the 4th of July とも呼ばれます。
☐ 独立記念日といえば花火ですね。	**The 4th of July reminds me of fireworks.** ※この日、アメリカではあちこちで花火大会が開催されます。
☐ 今日はもうレイバーデーですね。	**It's already Labor Day today.** ※レイバーデーは9月の第1月曜日です。日本で言うなら勤労感謝の日といった感じでしょうか。この日は夏休みの終わりを告げる日でもあり、翌日から学校の新年度が始まります。
☐ 子どもたちは明日から学校が始まりますね。	**Children start school tomorrow.**
☐ ハロウィーン・パーティーに行くつもりですか？	**Are you going to a Halloween party?** ※Trick or Treat!（お菓子をくれないといたずらするよ!）で有名なハロウィーン（10月31日）の日には、年々おかしな事件や犯罪が増え続けており、ハロウィーンに子供を参加させない親は以前よりも多くなっているそうです。
☐ いいえ、ハロウィーンには興味ありません。	**No, I'm not interested in Halloween.**
☐ 感謝祭はどのように過ごしますか？	**How will you spend Thanksgiving?** ※感謝祭は11月の第4木曜日です。農作物の収穫、自然の恵みを祝うと同時に、日々与えられているものすべてを神に感謝する日です。

時候のあいさつ・季節のイベント編 第14章

☐ 家族みんなで集まります。	**Our whole family will get together.** ※get together は「寄り集まる」の意味です。
☐ どんな料理でお祝いをするのですか?	**What kind of food do you eat to celebrate it?**
☐ 主に、七面鳥の丸焼き、マッシュポテト、野菜、クランベリーソース、パンプキンパイなどです。	**The main dishes are roasted turkey, mashed potatoes, some vegetables, cranberry sauce and pumpkin pie.**
☐ もうすぐクリスマスですね。	**Christmas is just around the corner.** ※クリスマス(12月25日)はイエス・キリストの生誕をお祝いする日です。前日の Christmas Eve(イブ)には七面鳥またはハムを食べる家庭が多いようです。
☐ クリスマスイブには何をする予定ですか?	**What are you going to do on Christmas Eve?**
☐ 教会のクリスマス礼拝に行きます。	**I'm going to attend a Christmas service at church.**

第15章

日本紹介編

日本への観光旅行者や滞在外国人のみならず、私たちは海外に行くと現地の人から日本に関する質問をよく受けます。多くの人が「日本語では知っているのに英語では表現できなかった」とか「自分の日本に関する知識のなさに恥ずかしい思いをした」などの経験をしたことがあるのではないでしょうか。そこで、本書の最終章では、外国人が日本人によく聞く質問と応答の表現を中心に、外国人と日本について話をすることができるコツを紹介します。

1 日本観光

日本の観光と和食に関する表現です。寿司ネタを英語でスラスラ言えるようになれば大したものです。

観光を楽しむ　　　　Disc 2　93

□日本は初めてですか？	Is this your first time to Japan?
□いいえ、2回目です。【外国人】	No, it's my second time.
□ここ日本はいかがですか？	How do you like it here in Japan?
□私は日本が大好きです。【外国人】	I like it here a lot.
□観光地としてはどこがおすすめですか？【外国人】	What sightseeing spots do you recommend?
□この旅行ガイドブックがとても役立ちます。	This tourist guidebook is really helpful.
□日本にはどのくらいの温泉がありますか？【外国人】	How many hot springs are there in Japan?
□日本には約1万3千の温泉があります。	There are about 13,000 hot springs in Japan.

☐ 九州の別府は温泉でとても有名です。	Beppu in Kyushu is very famous for hot springs.
☐ 富士山に登ったことはありますか？	Have you ever climbed Mount Fuji?
☐ 富士山は日本一高い山です。	Mt. Fuji is the highest mountain in Japan.
☐ 日本を旅行するときには電車とバスが便利です。	Buses and trains are convenient when traveling in Japan.
☐ 新幹線は時速300キロ（190マイル）の超特急です。	The Shinkansen is a bullet train that travels at 300 kilometers or 190 miles per hour.
☐ 紅葉を楽しむには、どこがいいですか？ 【外国人】	Where is a good spot for viewing autumn leaves?
☐ 京都の嵐山は紅葉でよく知られています。	Arashiyama in Kyoto is well known for autumn leaves.

和食を楽しむ　　　　　　　　　　　Disc 2 94

☐ 日本料理は何が好きですか？	What kind of Japanese food do you like?

☐ すき焼きと天ぷらが好きです。	**外国人** I like Sukiyaki and Tempura.
☐ カツ丼や牛丼も食べてみてください。	Please try Katsudon and Gyudon, too.
☐ 嫌いな日本料理は何ですか？	What Japanese food don't you like?
☐ 納豆が嫌いです。	**外国人** I don't like natto.
☐ うどんとそばはどう違いますか？	**外国人** What's the difference between udon and soba?
☐ そばはそば粉から、うどんは小麦粉からできています。	Soba is made of buckwheat flour, and udon is made of wheat flour.
☐ 寿司を食べたことはありますか？	Have you ever eaten sushi? ※eaten の代わりに、tried を使ってもOKです。代表的な日本料理については、あらかじめ英語で簡単に説明できるようにしておきましょう。

単語コラム

寿司ネタ

鮪(マグロ)	tuna
鮭(シャケ)	salmon
鰯(イワシ)	sardine
鯖(サバ)	mackerel
秋刀魚(サンマ)	saury
鰤(ハマチ)	yellowtail
鯛(タイ)	sea bream
鰹(カツオ)	bonito
平目(ヒラメ)	flounder
鰻(ウナギ)	eel
穴子(アナゴ)	sea eel
鯨(クジラ)	whale
鮭卵(イクラ)	salmon roe
数の子(カズノコ)	herring roe
車海老(クルマエビ)	prawn
甘海老(アマエビ)	sweet shrimp
蝦蛄(シャコ)	mantis shrimp
蛸(タコ)	octopus
烏賊(イカ)	squid
鮑(アワビ)	abalone
帆立貝(ホタテガイ)	scallop
赤貝(アカガイ)	red clam
海胆(ウニ)	sea urchin

●寿司用語

舎利(シャリ)	vinegared rice
紫(ムラサキ)	soy sauce
ガリ	pickled ginger
山葵(ワサビ)	Japanese horseradish
アガリ	green tea

2 日本の概略について

日本の地理、社会・生活についての概略を外国人に伝えるための表現を紹介します。

地理について

Disc 2　95

日本の大きさはどれくらいですか？	外国人 **What's the size of Japan?** **How large is Japan?**
アメリカの約25分の1です。	**It's about one twenty-fifth the size of the U.S.**
モンタナ州とほぼ同じ大きさです。	**It's almost the same size as the state of Montana.**
東京の次に大きい都市はどこですか？	外国人 **What are the next biggest cities after Tokyo?**
東京の次には、横浜、大阪となります。	**After Tokyo comes Yokohama and Osaka.**
日本にはいくつの都道府県がありますか？	外国人 **How many prefectures are there in Japan?**
全部で47あります。	**There are 47 in total.**

	外国人
☐ 日本にはいくつの島がありますか？	How many islands are there in Japan?

☐ 日本は北海道、本州、四国、九州の主要4島から成ります。 — Japan consists of four main islands; Hokkaido, Honshu, Shikoku and Kyushu.

☐ それ以外に、約7千の小さな島があります。 — Besides them, there are about 7,000 small islands.

☐ 日本は地震が多いですか？ 〔外国人〕 — Are there many earthquakes in Japan?

☐ はい、日本は地震の多い国です。 — Yes, Japan is a quake-prone country.

社会・生活について　　　Disc 2　96

☐ 日本では学校はいつ始まりますか？ 〔外国人〕 — When does school start in Japan?

☐ 4月に始まります。 — It starts in April.

☐ 日本では会社の新年度も4月です。 — In Japan, April is the starting month for companies, too.

☐ 「花見」って何ですか？ 〔外国人〕 — What is "hanami"?

日本紹介編　第15章

□ それは、満開の桜を見に行くことです。	It means going cherry-blossom viewing.
□「ゴールデン・ウィーク」って何ですか？	外国人 What is "Golden Week"?
□ 4月末から5月の初めにある連休のことです。	It means a holiday-studded week between the end of April and the beginning of May.
□ 梅雨の時期はいつですか？	外国人 When is the rainy reason?
□ 大体6月中旬から7月中旬です。	Usually it starts in the middle of June and ends in the middle of July.
□ 日本人はタバコのマナーが悪いです。	外国人 Japanese people have bad smoking manners.
□ その点では、日本はいまだに発展途上国と言えるでしょう。	In that regard, you can say that Japan is still a developing country.
□ 日本の人口はどのくらいですか？	外国人 What's the population of Japan?
□ 約1億2700万人です。	It's about 127 million.

☐ 日本人の平均寿命は何歳ですか？	**外国人** What's the average life expectancy of Japanese people?
☐ 約82歳で、世界一です。	It's about 82 years, the highest in the world.
☐ 日本ではチップを渡しますか？	**外国人** Do you tip in Japan?
☐ 今ではチップを渡す習慣は日本にはありません。	Currently there is no custom of tipping in Japan.
☐ なぜ日本の家はそんなに小さいのですか？	**外国人** Why are Japanese houses so small?
☐ 一番の理由は地価が極めて高いということです。	The primary reason is that land prices are extremely high.
☐ 日本人はよく海外旅行をしますか？	**外国人** Do Japanese often travel abroad?
☐ 毎年多くの人が海外旅行をします。	Many Japanese travel overseas every year.
☐ 日本には大学がいくつありますか？	**外国人** How many colleges are there in Japan?

☐ 日本には約 1100 の大学があります。	There are about 1,100 colleges in Japan. ※日本には約 700 の大学と約 400 の短大があります。
☐ アメリカではどうですか?	How about in the States?
☐ アメリカには 4000 以上の大学があります。	外国人 There are more than 4,000 colleges in the U.S.
☐ 日本で最も人気のあるスポーツは何ですか?	外国人 What is the most popular sport in Japan?
☐ 野球かサッカーです。	It's either baseball or soccer.
☐ 日本の国技は何ですか?	外国人 What are some national sports in Japan?
☐ 柔道や相撲だと思います。	I think Judo and Sumo wrestling are.
☐ 日本にはキリスト教徒がどのくらいいますか?	外国人 How many Christians are there in Japan?
☐ 全人口の約 1 パーセントです。	They are about one percent of the total population.

□ 生け花や茶の湯に興味はありますか？

Are you interested in flower arrangement or tea ceremony?

□ 機会があれば、やってみたいと思います。

外国人
Given the opportunity, I'd like to try them.

※Given の前には If が省略されていると考えると理解しやすいでしょう。

INDEX

あ

相変わらずです。 16
アイスティーをお願いします。 104
空いている部屋はいくつあります。 147
あいにく明日は出張なので、
来週に変更させていただけませんか? 207
あいにく明日は都合がつきません。 207
あいにく先約があります。 212
あいにくですが、
今はちょっと忙しいです。 212
あいにくですが、売り切れています。 111
あがってきました。 294
赤ワインをグラスでお願いします。 86
あきらめないでください。 297
明けましておめでとうございます。 ...... 289、302
朝シャンをしたいな。 40
浅田さんは、これについて
どう思われますか? 242
朝早くから電話してすみません。 196
足首を捻挫しました。 276
明日朝 7 時にモーニングコールを
お願いします。 152
明日一緒に映画を見に行きませんか? 263
預ける荷物はありますか? 127
明日午後 3 時に会社で
お待ちしております。 212
明日の打ち合わせの件で
お電話を差し上げたのですが。 195
明日の午前中に私に
企画書を提出してください。 239
明日はご都合いかがでしょうか? 206
明日はゴルフをしませんか? 189
明日は私用のため、
休ませていただきます。 239
明日夕方の予約をしたいのですが。 82
焦らずにゆっくり休んでください。 279
あそこの喫茶店に入りましょう。 100
あそこの切符売り場が見えますか? 159
暖かいうちに食べましょう。 43
頭がふらふらします。 273
新しいフォークを持って
きていただけますか? 92
あちらのカウンターです。 126
あっと言う間の 20 年でした。 99
アップルパイなんかよさそうですね。 90
後でかけ直させましょうか? 200
あとどのくらいで着陸しますか? 134
あとどのくらいで離陸しますか? 134
あと約 3 時間です。 134
あと 6 時間です。 134
あなたがいなくてとても寂しいです。 296
あなたがこのレジの列の最後ですか? 117
あなたが服を見ている間に、
私は別の店に行ってもいいですか? 107
あなたにお願いしたいことがあります。 235
あなたに助けて欲しいのですが。 235
あなたのおっしゃったことを
繰り返させてください。 211
あなたのおっしゃったことを正しく
理解できたかを確認させてください。 211
あなたのおっしゃる通りです。 254
あなたの家族の幸せをお祈りします。 292
あなたのカラオケの十八番は何ですか? 97
あなたの国のお正月は
どんな感じですか? 303
あなたの携帯は海外でも使えますか? 219
あなたの故郷は何で有名ですか? 25
あなたのご都合の良い時間を
知らせてください。 207
あなたのご都合の良い日を
知らせてください。 206

あなたのことが好きです。	263
あなたのことを愛しています。	264
あなたの出身大学はどちらですか？	27
あなたの長所は何ですか？	250
あなたの時計は今何時ですか？	58
あなたの番ですよ。	97
あなたの方は？	14
あなたの毎月の電話代はどのくらいですか？	218
あなたのメールアドレスを教えてください。	72
あなたのメールは文字化けしています。	73
あなたの夢がかないますように。	292
あなたの留守番電話にメッセージを入れておきました。	218
あなたの連絡先を教えていただけますか？	175
あなたは歌がお上手です。	97
あなたは酒に強いですか？	96
あなたは食欲旺盛ですね。	89
あなたは新婦のお友達ですか、それとも新郎のお友達ですか？	267
あなたはそれに賛成ですか、反対ですか？	255
あなたは独身ですか？	260
あなたはどの立場を取りますか？	255
あなたはどんな絵が好きですか？	178
あなたは何料理が好きですか？	89
あなたは何人家族ですか？	31
あなたは何年度の卒業生ですか？	98
あなたは何番目ですか？	32
あなたは本当に料理が上手ですね。	53
あなたを誇りに思います。	292
あなたを赦します。	295
あの男はキモい人です。	265
あのさあ。	68
あの夫婦はかわいいです。	269
あの夫婦はとても仲がいいです。	268
アポは取っていないのですが、彼にお会いすることは可能でしょうか？	222
アポを取っておられますか？	222
あまり悲しまないでください。	297
あまりスピードを出さないでください。	164
雨が降りそうです。	60
雨の場合は中止になります。	172
アメリカです。	24
アメリカでは食品がとても安いですね。	123
アメリカではどうですか？	316
アメリカには4000以上の大学があります。	316
アメリカのどこですか？	24
アメリカの物で何が一番恋しいですか？	25
アメリカの約25分の1です。	312
ありがとうございました。お進みください。	141
ありがとうございます。	10、288
歩いてほんの10分です。	170
アルバイトをしていますか？	66
アンダーソンさんじゃありませんか？	17
あんなことして、すみませんでした。	294
あんな夫婦は珍しいです。	269

い

いいえ、これは持ち込み手荷物です。	128
いいえ、申告するものはありません。	140
いいえ、それだけで結構です。	87
いいえ、定刻に到着の予定です。	135
いいえ、2回目です。	308
いいえ、ハロウィーンには興味ありません。	305
いいえ、まだ食べています。	137
いいえ、私もいま着いたばかりですから。	20
いいかげんにしてくれ。	299
いい考えがあります。	69

イースターおめでとう。	302
イースターはイエス・キリストの復活を祝う日です。	304
イースターは何を祝う日ですか?	304
いいですね。	102
いいですよ。	236
いい天気ですね。	18
いい所を知っています。	102
いい人を紹介しましょうか?	261
いいわよ。	63
家でごろごろしていました。	56
家の近くに大きなスーパーがあります。	121
家まで送ってくれてありがとう。	71
家まで送ってもらってもいい?	71
いくつか書類を机の上に置いておきました。	239
いくつかネクタイを持ってきましょうか?	115
いくらですか?	145
池田ヒロシです。ヒロと呼んで下さい。	22
生け花や茶の湯に興味はありますか?	317
池袋です。	26
遺失物届けをお願いしたいのですが。	175
遺失物取扱所はどこですか?	174
医者に診てもらった方がいいですよ。	272
医者を呼んでもらえますか?	272
以前お会いしたことはありますか?	13
以前よりも若く見えますよ。	16
急ぎの件ですが。	213
痛かったら言ってください。	285
イタリアンをお願いします。	86
1時間くらいだよ。	50
1時間後にお電話して大丈夫でしょうか?	202
1時間20分くらいかかります。	27
1ドル84円です。	181
1ドルをコインにくずしてもらえますか?	183
1日3回食後に飲んでください。	276、283
1日3回食前に飲んでください。	283
一番の理由は地価が極めて高いということです。	315
イチローの大ファンです。	186
いつお持ち致しましょうか?	86
1階の2番窓口でお願いします。	278
いつがご都合よろしいですか?	206
5日は都合が悪いのですが、6日なら大丈夫です。	208
いつからですか?	274
いつから出社できますか?	252
いつか遊びに来てください。	18
いつゴルフを始めましたか?	189
いつ頃お電話を差し上げればよろしいでしょうか?	202
いつごろお返事をいただけますか?	252
いつごろ出来上がりますか?	115
いつごろ卒業しましたか?	28
1週間後に控えを持ってお越しください。	116
一緒にお飲み物はいかがですか?	86
一緒に食料品を買いに行きましょう。	121
いつすればよいのですか?	156
いつ退院できるかわかりません。	280
行ったことがありますか?	24
行ってきます。	68
いつでもご連絡ください。	257
いつでもよろしいですよ。	211
行ってらっしゃいませ。	149
いつどこで待ち合わせしましょうか?	263
1泊いくらですか?	147
いつ配達していただけますか?	120
一方的に電話を切らないでください。	218
いつまた入荷しますか?	111
いつまでに必要ですか?	237
いつも何時頃退社しますか?	253
祈っているからね。	292
今、お話をしても大丈夫ですか?	194

今会議中です。	195
今、彼女はお風呂に入っています。	200
今からゴルフ練習場に行ってきます。	189
今から仕事です。	19
今、現地時間は何時ですか?	135
今、ご都合はよろしいですか?	195
今すぐに賛成・反対は言えません。	255
今誰かお風呂に入ってる?	41
今付き合っている人はいますか?	260
今ではチップを渡す習慣は日本にはありません。	315
今どんな映画をやっていますか?	179
今なお話し中です。	217
今何か薬を飲んでいますか?	275
今何か飲んでいる薬はありますか?	277
今何時ですか?	57
今何年生ですか?	64
今にも一雨きそうです。	60
今のところ順調です。	253
今はお忙しいでしょうか?	195
今は手が空いていません。	196
今までのところで何か質問はありますか?	242
今46歳ですが、来月47歳になります。	23
いらっしゃいませ。何名様ですか?	83
いらっしゃる前に私に電話してください。	212
医療費はどこで支払うのですか?	278
医療保険に加入しておられますか?	278
インターネットでも購入できます。	156
インフルエンザが今流行っています。	277
インフルエンザです。	277

う

上が男の子、下が女の子です。	33
ウエストがきついです。	110
ウェルダンにしてください。	85
後ろ髪は2インチほど切ってください。	80
後ろの建物を入れて撮ってください。	174

薄めの茶色でお願いします。	80
うちに遊びに来ませんか?	50
うちにはまだ子供がいません。	35
打ち合わせの時間を変更させていただきたいのですが。	208
うつぶせになって寝てください。	285
雨天の場合はどうなりますか?	172
うどんとそばはどう違いますか?	310
うまくいくように祈ってるからね。	293
うまくいっています。	16
海向きの部屋をお願いします。	147
うらやましいなあ。	291
嬉しくて涙が出そうです。	290

え

エアコンの調子が悪いのですが。	151
映画に行きませんか?	179
営業部におつなぎします。	198
営業部の小林シンヤと申します。	224
英語と日本語のバイリンガルです。	250
HFL社の佐野ヨシオですが、ラーソンさんはいらっしゃいますか?	194
ATMの調子がおかしいです。	77
ABC社に勤めています。	35
ええ、喜んで。	263
駅から歩いてほんの5分です。	26
液体のものをお持ちでしょうか?	129
駅に車で迎えに来てくれる?	63
駅の近くにたくさん喫茶店があります。	100
駅前のスターバックスで5時半はどうでしょうか?	263
えっ、そうですか?すみません。	132
エミリーさんはもうお戻りでしょうか?	213
演劇を見に行きませんか?	180
円をドルに両替したいのです。	181

321

お

お会いできて光栄です。	12
おいしい料理に豪華な会場ですね。	267
おいしそうだね。	43
お忙しいところお電話して申し訳ないです。	196
応募の締め切り日はいつですか?	254
おうわさはかねがねうかがっております。	13
大きくなったら何になりたいですか?	64
大きなカートですね。	122
多くの人は母親に花を贈ります。	304
お母様のご逝去、心よりお悔やみ申し上げます。	297
お帰りなさい。	69
おかげで助かりました。	142
おかけになった電話番号は何番でしょうか?	204
お金はちゃんと持ってる?	63
おかわりはいかが?	43
おかわりをもらえる?	43
起きなさい。	38
お客様のサイズは何号ですか?	110
お客様の座席は確保致しました。	158
お客様の搭乗ゲートは8番ゲートから12番ゲートに変更されました。	130
送ったはずのメールが戻ってきました。	73
遅れそうだったら、電話してね。	63
お元気そうですね。	15
お元気ですか?	10
お子さんのご誕生おめでとうございます。	289
お子さんはいらっしゃいますか?	34
お子さんは何歳ですか?	33
お子さんは何人いますか?	32
怒っています。	297
お言葉に甘えて。	53
お先にどうぞ。	71
お座席のご希望はございますか?	127
お時間があれば、明日お目にかかりたいのですが。	206
お仕事は何ですか?	35
お支払いはどうなさいますか?	148
お邪魔しました。失礼します。	215
お住まいはどちらですか?	26
お席にご案内致しますのでお待ちください。	100
遅くなってすみません。	20
遅くまで起きていては駄目ですよ。	41
遅すぎるじゃない!	20
おそらく2年か3年前ですよね。	14
恐れ入りますが、明日の予約は一杯になっております。	83
お互いに年を取りましたね。	98
お宅のサービスには本当にがっかりしました。	299
お宅の庭はすてきですね。	19
お誕生日おめでとうございます。	288
お疲れさま。	235
おつりが足りないのですが。	94
おつりが間違っています。	94
おつりはいりません。	146
お手数ですが、アンケート用紙にご記入いただけますか?	256
お電話ありがとうございました。	215
お電話をお待ちしておりますと彼にお伝えください。	203
男の子ですか、それとも女の子ですか?	35
お歳を聞いてもよろしいですか?	23
大人2枚、子供3枚ください。	180
同い年です。	24
お名前、生年月日、パスポート番号を教えてくださいますか?	157
お名前と電話番号を確認させてください。	210
お名前はどのようにつづりますか?	210

お名前は何とおっしゃいましたっけ?	22
お名前は何とおっしゃいますか?	22
お名前をいただけますか?	146
お名前をいただけますでしょうか?	82
お飲み物は何がよろしいですか?	86、136
お飲み物は何がよろしいですか?	136
おはよう。	38
おはようございます。	234
お二人の馴れ初めは?	262
お風呂が沸いたわよ。	40
お風呂に入って。	41
お風呂に水を入れてくれる?	40
お風呂の水を流しておいてね。	41
お部屋は何号室ですか?	148
お任せします。	79
お待たせ致しました。	198
お待たせして申し訳ありませんでした。	20
お待たせしましたか?	20
お招きありがとうございました。	55
お招きありがとうございます。	51
お見舞いに来ていただいてありがとうございました。	280
おめでたですよ。	278
主に、七面鳥の丸焼き、マッシュポテト、野菜、クランベリーソース、パンプキンパイなどです。	306
お役に立てて嬉しいです。	289
おやすみなさい。	42
オリバーさんのお宅ではないでしょうか?	205
オルソンさんにお会いするために参りました。	222
オレンジ色の中サイズのスーツケースです。	142
お詫びのしようもございません。	294
御社のご住所と電話番号をお願い致します。	230
御社のご提示なさっておられる契約条件について、ご説明をお願いします。	247
御社の仕事内容が好きだからです。	250
御社のような大企業でより高い地位に就きたかったからです。	252

か

カートはどこに戻せばよいですか?	123
外貨が欲しいのですが。	77
会議室の予約を取っておいてください。	240
会議は2時から4時までの予定です。	240
会議は2時間の予定です。	240
会議は3階の308号室で行われます。	240
会議を始めましょう。	241
会社からかけています。	217
会社ではどの部署に属していましたか?	251
会社名とお名前をお願い致します。	230
会社に行くのにどのくらいかかりますか?	27
開封したのですが、返品できますか?	118
カイロに行くといいですよ。	285
帰りの航空券は持っていますか?	140
顔色がいいですね。	279
顔を洗いなさい。	39
価格を下げてもらえませんか?	247
鍵を部屋の中に入れたままドアを閉めてしまいました。	152
格闘技の試合をテレビでよく見ます。	187
確認のため、ご注文の商品と数量を繰り返します。	232
学位はどこで取りましたか?	28
学生寮に住んでいます。	65
学生割引はありますか?	180
かけ直していただけますか?	200
かけ間違いですよ。	204
かしこまりました。	82
風が強くて寒そうですね。	60
風邪薬はありますか?	282
家族でスキーに行ってきました。	55

家族みんなで集まります。	306
片付けるのを手伝おうか？	44
片付けるのを手伝ってもらえる？	44
カットをお願いします。	79
カツ丼や牛丼も食べてみてください。	310
悲しい気持ちです。	295
悲しみに沈んでいます。	296
必ず締め切りを守ってください。	254
彼女ができたばかりです。	260
彼女とはどれくらい交際していますか？	260
彼女にはイライラさせられます。	298
彼女の携帯のほうにかけていただけますか？	194
彼女はまだ帰宅しておりません。	200
彼女は10回目の呼び出し音でやっと電話に出ました。	218
彼女はいつお帰りになりますか？	200
彼女は今、外出しております。	193
彼女は今食事中ですが、呼びましょうか？	193
彼女は今、出かけたばかりです。	194
彼女は高校3年生です。	33
彼女は自己中心的です。	298
彼女は小学4年生です。	33
彼女は中学2年生です。	33
彼女はどんな感じの人ですか？	262
彼女は妊娠5ヶ月です。	269
彼女は妊娠しています。	268
彼女は妊娠何ヶ月ですか？	268
彼女は恥ずかしがり屋です。	33
彼女は法科大学院に行っています。	34
彼女は本当にスタイル抜群で、羨ましいです。	291
彼女は私のタイプではありません。	262
髪が少し傷んでおられますね。	80
紙袋にしますか、それともビニール袋にしますか？	123
髪を少しすいてもらえますか？	79
髪を染めたいのですが。	80
カメラをなくしてしまいました。	174
画面の下までスクロールしてください。	74
カラオケではどんな歌を歌いますか？	96
カラオケに行きましょう。	96
体に気をつけてくださいね。	12
軽い飲食物をこの部屋の後方に置いてありますので、ご自由に召し上がってください。	245
彼には頭に来ます。	298
彼に途中で電話を切られてしまいました。	218
彼には本当にムカつきます。	297
彼のオフィスにご案内します。	222
彼は今席をはずしております。	201
彼は医科大学院に行っています。	34
彼は今話し中です。	201
彼はうざいです。	298
彼は浮気をしています。	269
彼は今日休みです。	201
彼は結婚前から二股をかけていました。	270
彼はすぐにキレます。	298
彼はストーカーです。	265
彼は背が高くて頭が良くてハンサムで、うらやましいです。	291
彼は大学3年生です。	34
彼は昼食で外出しております。	201
彼は何年生ですか？	34
彼は私の同僚のスペンサーさんです。	246
彼は私の理想の男性です。	262
彼は私を捨てました。	264
彼らはアツアツです。	268
彼らは別居しています。	269
可愛い娘さんですね。	33
革製のジャケットはありますか？	109
鞄の特長を教えてください。	175
鞄をタクシーの中に忘れてしまいました。	175

観光案内所に行けばもらえますよ。	168
観光案内所はどこですか?	168
観光地としてはどこがおすすめですか?	308
観光です。	139
感謝のしようもありません。	288
感謝祭おめでとう。	302
感謝祭はどのように過ごしますか?	305
勘定は全部一緒にしてください。	93
勘定は別々でお願いします。	93
勘定をお願いします。	93
簡単に自己紹介をお願いできますか?	250
元旦には何をする予定ですか?	303
感動しました。	290
感動的ですね。	290
カントリー音楽が多いです。	96
乾杯!	96
乾杯しましょう。	96
がんばってね。	292
漢方薬をいただくことはできますか?	277

き

Key の K ですか?	157
機会があれば、やってみたいと思います。	317
企画部の部長秘書をしていました。	251
聞こえていますか?	209
聞こえますか?	209
気さくで明るいとよく人から言われます。	251
技術部のオルソンさんにお会いしたいのですが。	222
季節性のアレルギー性鼻炎にかかっておられます。	277
議題には 5 つの項目があります。	242
議題の概要を説明致します。	242
貴重品はどうすればよいですか?	150
貴重品はどこに預ければよいですか?	151
貴重品は中に入っていませんか?	129
貴重品はフロントに預けることができます。	151
貴重品は部屋の貸金庫に保管することができます。	151
きっとまたいい人が現れますよ。	264
きっと大丈夫です。	297
機内雑誌の中に書かれている記入例をご参照ください。	136
気に入ってもらえるといいのですが。	52
気にしないでください。	295
昨日からです。	274
昨日はなかなか眠れなかった。	38
気分が落ち込んでいます。	296
気分が悪いんです。	272
君は今朝も遅刻だな。	234
気持ちは若くないといけません。	98
逆転勝ちできますかね?	188
キャシーさんはいらっしゃいますか?	193
キャンセルはどれくらい前にしなければいけませんか?	172
キャンパスの中に住んでいますか?	65
休暇です。	139
救急車はもうすぐ来ます。	273
救急車を呼んでください。	273
九州の別府は温泉でとても有名です。	309
牛のひき肉を 2 ポンドくださいますか?	122
924 便の手荷物受取所がどこですか?	141
急用ができました。	213
急用なので、おつなぎいただけますか?	202
教会のクリスマス礼拝に行きます。	306
今日ご紹介したいのはこちらの製品です。	228
兄弟はいますか?	31
兄弟は何人ですか?	31
京都の嵐山は紅葉でよく知られています。	309

郷土料理はありますか?	84
今日のおすすめは何ですか?	84
今日の会議の資料は用意できましたか?	237
今日の為替レートはいくらですか?	181
今日の午後と明日の午前のどちらがよろしいでしょうか?	208
今日の最高気温は18度、最低気温は6度だそうです。	61
今日の仕事はこのへんで切り上げよう。	235
今日のスープは何ですか?	84
今日の天気はどうですか?	60
今日のユーロの為替レートはいくらですか?	77
今日は大売り出しをやっています。	121
今日は10月20日です。	57
今日は1ドル何円ですか?	182
今日は1ユーロ何円ですか?	182
今日はお休みですか?	19
今日は午後3時にローズ社のリードさんが見えます。	238
今日は残業することにします。	249
今日は洗濯日和ね。	46
今日は全商品1割引です。	130
今日は掃除をしなくちゃ。	46
今日は天気がいいから、洗濯物を外に干しましょう。	46
今日はどうだった?	69
今日は何をしましょう?	48
今日は何月何日ですか?	57
今日は何曜日ですか?	57
今日は早いですね。	234
今日は披露宴に招待してくださって本当にありがとうございます。	267
今日は品質管理について話し合うために参りました。	224
今日は弊社についてご紹介したいと思います。	224
今日は本当に楽しかったです。	55
今日は皆様会議に出席していただき、ありがとうございます。	241
今日はもうレイバーデーですね。	305
今日は木曜日です。	57
今日は私がお昼をおごります。	103
今日は涼しいです。	60
嫌いな日本料理は何ですか?	310
議論が堂々巡りしているようです。	256
勤務時間は9時から5時までです。	253
勤務時間はどうなっていますか?	253
緊急の用件なのです。	213
銀行で働いています。	35
緊張しています。	294

く

具合はいかがですか?	279
空港のカウンターでも購入できます。	156
クーポン割引券をお持ちですか?	112
9時までには帰って来るのよ。	63
薬のアレルギーはありますか?	277
果物や植物を持っていますか?	140
ぐっすりと寝れた?	38
靴屋はどこですか?	108
靴屋は3軒隣にあります。	108
首と肩がかなり凝っています。	285
クラブに入っていますか?	64
グランドキャニオンを見に行きましょう。	171
クリスマスイブには何をする予定ですか?	306
クリニックに電話してもらえますか?	272
クレームがあります。	232
クレジットカードで支払います。	149

け

警察に通報すべきです。	265
携帯が圏外だったんです。	219
携帯が鳴っていますよ。	219
携帯電話をお持ちであれば、	

番号を教えてください。	176
携帯のメールアドレスを交換しましょう。	219
ケーキはいかが?	44
今朝からずっと体調がよくありません。	272
ケチャップはどこに置いてありますか?	122
結構おいしいです。	280
結構ですよ、問題ありません。	211
結婚しましょう。	266
結婚式と披露宴にご出席いただけますか?	267
血圧の薬を飲んでいます。	275
血圧を測りましょう。	278
血液検査を行います。	278
下痢をしています。	274
元気でしたよ。	14
元気です、ありがとう。	10
元気ですよ。	15
元気を出してください。	297
現金で支払います。	149
現金払いですか、それともカード払いですか?	123
現金を引き出したいのですが。	76
現金を預金したいのですが。	76
健康的な生活ですね。	190
言語学を学びました。	28
現在あの店ではコンピュータのセールを行っています。	72
検索したい語を打ち込んでください。	74

こ

公園でバーベキューをしようよ。	48
航空券はどこで購入すればよいでしょうか?	156
交際し始めてもう3年になります。	260
口座を開きたいのですが。	76
公衆電話はどこですか?	217
降水確率は60%です。	61
抗生物質を処方します。	276
合否結果については、書面にてお送りします。	252
紅葉を楽しむには、どこがいいですか?	309
交流サイトに加入していますか?	75
高齢者割引はありますか?	180
コートをお預かりします。	51
コートを買いたいのですが。	109
コーヒーかお茶を入れましょうか?	44
コーヒーがぬるいのですが。	91
コーヒーに砂糖やミルクは入れますか?	101
コーヒーは食前と食後のどちらにお持ちしましょうか?	87
コーヒーやお茶はいかがですか?	136
コーヒーをお願いします。	53、101
コーヒーをください。	136
コーヒーを2杯持ってきてください。	153
コーヒーをもう一杯お願いします。	91
コーヒーをもう少しお願いします。	137
「ゴールデン・ウィーク」って何ですか?	314
ご家族はお元気ですか?	15
小切手で支払います。	123
呼吸がほとんどできません。	272
ご協力、ありがとうございます。	249
ご協力に感謝致します。	288
故郷を恋しく思うことはありますか?	26
ご結婚おめでとうございます。	266
ご結婚なさったそうですね。	18
ご結婚なさっていますか?	34
ご健康でありますように。	292
ご購入20日以降は返品できません。	118
午後からテニスをしませんか?	189
ここだけの話ですよ。	70
ここで10分間の休憩を取ります。	245
ここでは写真を撮ってもよいのでしょうか?	173
ここで何をしているのですか?	17
ここで結構です。	164

ここで食べます。	103
ここに来る道はすぐに分かりましたか？	51
ここにサインをお願いします。	182
ここ日本はいかがですか？	308
ここのスーパーの駐車場は広いですね。	122
ここのスーパーは少し寒いです。	122
ここはおしゃれなお店ですね。	100
ここはこじんまりしたいいカフェです。	101
ここは受信状態がかなり悪そうです。	219
ここは世界的に有名な博物館らしいですね。	179
ここはどこでしょうか？	168
ここは私が払います。	94
心からお悔やみ申し上げます。	296
午後6時でお願いします。	82
ここを押すだけです。	173
50ドルをくずしてもらえますか？	183
50ドルを10ドルにくずしてもらえますか？	183
5時15分です。	58
5時15分前です。	57
ご出身はどちらですか？	24
午前中に芝刈りしたばかりです。	19
ごちそうさまでした。	54
ご注文いただきまして、ありがとうございました。	232
ご注文の品はすでに発送されています。	233
ご注文の品はまもなく届くはずです。	233
ご注文はお決まりですか？	84
ご注文は2階の販売部で承ります。	230
こちらがお部屋のカギです。	148
こちらこそ。	12
こちらこそ来てくださってありがとうございました。	55
こちらでお召し上がりですか、それともお持ち帰りですか？	103
こちらで両替はできますか？	181
こちらには田中という名前の者はおりません。	204
こちらのお席です。	83
こちらの宿泊カードに記入していただけますか？	148
こちらの通路を行って左側です。	132
こちらは技術部長のタッカーさんです。	246
こちらはジョンさんです。	12
こちらはミラー部長のオフィスです。	197
こちらへどうぞ。	83
ご伝言を承りましょうか？	193
ご都合の良いときで結構です。	212
ご到着をお待ちしております。	211
子どもたちは明日から学校が始まりますね。	305
子供は一人です。	35
子供用の椅子を1つお願いできますか？	92
この味でこの値段はお得です。	88
この辺りでは、他に何ができますか？	178
この辺りには3つのゴルフ場があります。	177
この辺りに両替所はありますか？	181
この暑さはこたえますよ。	19
この案は全員一致で可決されました。	244
このイヤホンは聞こえません。	134
このお知らせは本社からのものです。	238
このお店はとても雰囲気がいいです。	101
この価格は妥当ではないと思います。	247
この勘定は間違っていると思います。	93
このキーパーはすごいです。	188
この薬にはどんな副作用がありますか？	283
この薬はどう飲めばよいのですか？	282
このゲートであっていますか？	130
この件については次回の会議で引き続き話し合ってはどうでしょうか？	245
このコーヒーはとてもいい香りがします。	102
このコーヒーはとてもおいしいです。	102
この小包をドイツに送りたいと思います。	78

項目	ページ
このことで最近ずっと悩んでいます。	296
この先をまっすぐ行って右に1つあります。	129
この住所まで行ってもらえますか？	164
この条件では契約はできません。	247
この状態がどのくらい続いていますか？	274
この商品の一番の特徴は、小型かつ軽量である点です。	229
この処方箋を調合してもらえますか？	282
この書類の記入の仕方を教えてもらえますか？	135
この書類を5部ずつコピーしてください。	236
この書類を日本語に翻訳してください。	237
この資料を明日までに100部コピーしておいてください。	236
このスーツに合うネクタイが必要です。	115
この製品にはすばらしい特徴がたくさんあります。	229
この席は空いていますか？	162
この但し書きはどういう意味でしょうか？	247
この度はご迷惑をおかけして申し訳ございませんでした。	233
この度は本当にいろいろとお世話になりました。	257
この近くで乗馬ができる所はありますか？	177
この近くに駅はありますか？	159
この近くに喫茶店はありますか？	100
この近くにタクシー乗り場はありますか？	163
このツアーに参加したいのですが。	171
この提案に賛成の方は手を挙げてください。	244
この手紙を航空便で送りたいのですが。	78
この電車は普通ですか、それとも急行ですか？	160
この中にトイレはありますか？	108
この肉はどのくらい日持ちしますか？	122
この値段は高すぎます。	88
このバスはシカゴ行きですか？	162
このパンフレットには英語版、スペイン語版、日本語版、中国語版の4種類があります。	228
この便は遅れていますか？	135
この便は定刻に出発しますか？	130
このファイルは持ち出し禁止です。	237
この部分をコピーペーストして、あなたのブログに貼り付けるとよいでしょう。	74
このホテルに日本語を話せるスタッフはいますか？	152
このまま真っすぐ行ってよいのでしょうか？	169
この店のおすすめは何ですか？	84
この道であっていますか？	164
この道を真っすぐ行って右側にあります。	169
この問題について採決をします。	244
この問題について何かご意見はおありでしょうか？	242
この用紙にご記入ください。	176
この用紙に名前、住所、電話番号をご記入ください。	120
この旅行ガイドブックがとても役立ちます。	308
小林恵子と申します。	193
5番売り場の中ほどにあります。	122
ご飯ですよ！	43
ご飯はまだ？	42
コミュニケーション能力に長けていると思います。	251
5名です。	83
ご迷惑をおかけしました。	11
ごめんください。	68
ごめん、寝坊しちゃって。	21
ご予算はいくらですか？	112
ご予約はなさっていますか？	146
ご用を伺っていますか？	111
ご両親によろしくお伝えください。	15
ご両親はお元気ですか？	15

日本語	ページ
ゴルフ場行きの無料送迎バスはありますか？	177
これがあなたのお荷物でしょうか？	142
これが彼らの商品リストです。	238
これから出かけますので、手短にお願いします。	196
これから弊社の製品についてご説明致します。	228
これからも連絡を取り合いましょう。	99
これが私の手荷物引換証です。	142
これが私の名刺です、どうぞ。	223
これが我々の提供できる精一杯の価格です。	248
これってまるで夢みたいです。	290
これで本日の会議を終わります。	246
これで私はバツニになりました。	269
これという男性が現れるまで待つつもりです。	261
これどうでしょうか？	114
これと同じもので赤色はありますか？	111
これと同じものでもう少し大きいサイズはありますか？	110
これに注ぎ足してもらえますか？	92
これについては販売部に聞いてください。	239
これはアスク社の最新の見積もりです。	238
これはいかがでしょうか？	111
これはいくらですか？	112
これはおしゃれです。	113
これはお客様のお控えです。	115
これは格好いいです。	113
これは機内に持ち込むことはできません。	129
これは機密書類です。	237
これはサイズがぴったりです。	111
これはささやかな贈り物です。	52
これは水曜日の会議の確認です。	238
これは少し味が薄いです。	88
これは少し味が濃いです。	88
これは少し油っこいです。	88
これは少し辛いです。	87
これは少し塩辛いです。	87
これは絶品です。	88
これはダサイです。	114
これは食べきれませんでした。	93
これはちょっと高いです。	113
これは手頃な値段です。	113
これはテクノ社からの請求書です。	238
これは遠回りじゃありませんか？	164
これは何号ですか？	110
これは何の素材でしょうか？	109
これは飲み放題ですよね？	104
これは派手すぎます。	114
これは品質が良いです。	113
これは弊社を紹介するパンフレットです。	223
これは返品できますか？	118
これはボストン行きの電車ですか？	161
これはもう飽きちゃった。	43
これは安いです。	113
これは私のおごりです。	94
これは悪くありません。	113
これらの小切手を現金に換えて欲しいのですが。	76
これらの書類は処分してください。	237
これらの書類を部長に手渡してください。	236
これらの製品には1週間のお試し期間がございます。	229
これらはすべて免税品ですか？	130
これらは弊社の一番の売れ筋製品です。	228
これらは弊社の新製品のサンプルです。	228
これをEメールで全社員に送ってください。	239
これをくずしてもらえますか？	182

これを交換したいのですが。	119
これを交換してもらえますか?	119
これを試着してもいいですか?	114
これをドルに両替してもらえますか?	182
これを日本に送りたいのですが。	77
これを配達していただけますか?	119
これを部屋に運んでいただけますか?	148
これを別のと交換してもらえますか?	119
これを返品したいのですが。	117
これをもう少しいかがですか?	54
転んで、背中を強く打ちました。	276
怖い夢を見たよ。	39
今月中にご契約いただけると大変助かります。	248
今後ともよろしくお願い致します。	249
今後皆さんと一緒に仕事ができることを楽しみにしております。	225
コンサートに行きませんか?	180
今週の天気予報はどうなっていますか?	61
今週は 3 日間休みを取っています。	19
今度の 9 月で小学 5 年生です。	64
こんな時間に電話をかけないでください。	205
こんなところでお会いするなんて奇遇ですね。	17
こんなところで何をしているのですか?	18
こんなに嬉しいことはありません。	290
こんなにおいしいステーキは初めてです。	87
こんな議論をしていてはらちが明きません。	256
こんにちは。	10
こんにちは、いらっしゃいませ。	106
今晩、お時間ありますか?	263
コンピュータ関係の仕事をしています。	35
コンピュータにウイルスソフトを入れるべきです。	74
今夜、外食はどうかなあ?	49
今夜の音楽はすごい迫力でしたね。	180
今夜はおもてなしをありがとうございました。	257
今夜はテレビで何をやってる?	71

さ

さあ、お入りください。	51
再確認はしておいた方が安全です。	156
最近どこかに行かれましたか?	56
最近何かいい映画を見ましたか?	56
採決をしましょう。	244
最後に会ったのはいつでした?	14
最後に会ってからのどのくらいになりますか?	13
最後の議題に移りましょう。	245
在庫を確認してきます。	110
最終列車は何時に出ますか?	160
最初に服を見たいです。	106
サイズが合いません。	110
サイズは合っていますか?	110
サイズを測らせていただきます。	115
最低 3 日は大丈夫なはずです。	123
斉藤サトシと申しますが、ハント販売部長はいらっしゃいますか?	194
財布を盗まれました。	176
先にお支払いをお願いできますか?	115
昨晩いたずら電話がありました。	205
差し支えなければ、彼女の携帯番号を教えていただけますか?	214
座席を元の位置にお戻しください。	133
サッカーが大好きです。	186
寒いですね。	18
寒気がします。	273
さようなら。	11、235
サラダのドレッシングは何になさいますか?	85
皿を片付けて。	44
Sun コーポレーションで輸入業務を	

担当しています。	225
30%の割引価格で45ドルです。	112
30分で30ドルです。	285
30分後にまた戻ってきます。	107
残高を教えていただけますか？	76
3番のコンベヤーです。	141

し

試合はどうですか？	187
GS社で広報を担当しております。	225
シーズンは終わっています。	107
シートベルトをお締めください。	133
シートベルトを締めなさい。	50
ジェットスキーやウインドサーフィンもやってみたいです。	178
次回は持ち寄りパーティーをしましょう。	54
次回は私がおごりますね。	94
シカゴ行きの直行バスはありますか？	160
シカゴに着いたら教えていただけますか？	162
4月に始まります。	313
4月末から5月の初めにある連休のことです。	314
時間がありません。	58
時間があれば電話くださるようお伝えください。	203
時間がたつのはあっという間ですね。	55
時間がたつのは本当に早いものです。	98
時間と場所をもう一度言っていただけますか？	210
時間のたつのは早いですね。	14
時間はたっぷりあります。	58
時間はどのくらいにセットすればいいの？	45
時刻表をもらえますか？	159
仕事です。	139
仕事の後、空いてますか？	263
仕事の進捗状況はいかがですか？	253
仕事の調子はどうですか？	16

自然史博物館はどちらか教えていただけますか？	169
自宅です。	120
自宅のテレビでローズボールを見ます。	303
支度はできた？	49
7月10日の724便の航空機です。	157
7月の4日です。	305
7時過ぎに携帯に電話してもらえますか？	216
試着室はどこですか？	114
しっかりした息子さんですね。	33
実際の飛行時間はどのくらいですか？	135
質問してもよろしいですか？	243
支払い期日はいつですか？	248
支払い条件はどのようなものですか？	248
支払いはどこですか？	117
自分の携帯からかけています。	216
自分の部屋は自分で掃除しなさい。	46
品物は1週間後に届きます。	232
品物はいつ届きますか？	231
締め切りに間に合いますか？	254
締め切りはいつですか？	254
じゃあね。	11
写真を撮っていただけますか？	173
シャワーからお湯が出ません。	151
シャワーだけにするよ。	41
15%値下げするということでいかがでしょうか？	248
10時にお約束をいただいております。	222
じゅうたんに掃除機をかけなさい。	47
就職おめでとうございます。	289
渋滞でなければ15分くらいでしょう。	145
渋滞に巻き込まれたのです。	21
柔道や相撲だと思います。	316
「自由の女神」を見に行きましょう。	171
修理の人を呼んでいただけますか？	151
週に3回トレーニングをしています。	190

週末はいつも何をしていますか?	64
週末はどう過ごしましたか?	55
週末は何をしましたか?	55
趣味は何ですか?	29
州立動物園までお願いします。	164
主演は誰ですか?	179
宿題はもう終わったの?	63
出身は長野ですが、ロサンゼルスにもう15年近く住んでいます。	25
出発の72時間前に便の予約の再確認をしてください。	157
10分後にもう一度かけ直していただけますか?	196
シュノーケルやスキューバダイビングにはどのビーチがおすすめですか?	178
順調に回復しています。	279
条件が高すぎませんか?	261
詳細の資料をこちらからお届け致します。	229
正直言って、これはまずいです。	88
昇進おめでとうございます。	289
冗談じゃない。	299
冗談でしょ?	70
上半身だけで大丈夫です。	174
商品名、型番と個数をお願いします。	230
商品名をお願いします。	230
商品を弊社に送り返していただけますか?	233
醤油をお願いできますか?	92
食後にお願いします。	87
食事と一緒にお願いします。	86
食事はお済みでしょうか?	137
食欲はあまりありません。	274
食欲はあります。	275
食欲はどうですか?	274
食欲はほとんどありません。	275
食欲はまったくありません。	275
食料品の買い物にはどのくらいの頻度で行きますか?	121
ジョギングに出かけるところです。	19
処方箋を出します。	276
所要時間はどのくらいですか?	171
白髪がかなり増えてきました。	80
新幹線は時速300キロ(190マイル)の超特急です。	309
シングルルームで2泊ですね?	147
信号を2つ越えたら、次の道を右へ曲がってください。	169
申告するものはありますか?	140
新婚さんですよね?	268
新婚旅行はどこに行かれましたか?	268
人事部の次長をしていました。	251
紳士服はどちらですか?	106
信じられません。	17、69
心臓がすごく痛いんです。	272
新年の抱負を決めましたか?	303
心配しないでください。	297
新聞をご覧になる方、いらっしゃいますか?	133
じんましんが背中に出ました。	275
診療料金はいくらですか?	285

す

水族館に行こうよ。	48
ずいぶん大きなショッピングモールですね。	106
睡眠を十分に取ってください。	276
水曜日以外にご都合の良い日はございますか?	207
スーツケースをちょっと見ておいてもらえますか?	143
スーツを買いたいのですが。	109
スープが冷たいのですが。	91
スカイプを使うと、ネット上で相手の顔を見ながら無料で誰とも話をすることができます。	75

スキーウエアはありますか？	107
スキー場は近いですか？	177
スキーリゾートで有名です。	25
スキーをするには最高の天気です。	190
好きなチームはどこですか？	187
すき焼きと天ぷらが好きです。	310
すぐこの先にあります。	163
すぐそこにございます。	109
すぐそこの切符販売機でも買うことができます。	159
すぐに新しいのとお取り替え致します。	134
すぐにお持ち致します。	90、137
すぐに確認します。	91
すぐに調べてください。	142
すぐに取りかかります。	236
すぐに分かりますよ。	130
すごいごちそうですね。	53
すごいプレーですね。	188
すごくいい天気です。	60
すごくこってりしていますね。	88
少し遅れています。	253
少しお話をしてもよろしいでしょうか？	194
少しお待ちください。	194
少しの間お待ちくださいませ。	110
少しの時間だけでも彼にお会いすることはできますでしょうか？	222
寿司を食べたことはありますか？	310
鈴木マモルから電話があったことをお伝えください。	203
スター・ホテルに着きました。	145
スタンフォード大学で学びました。	28
頭痛がひどいんです。	273
すっかり良くなりました。	279
ステーキとロブスターのセットをお願いします。	85
ステーキの焼き具合はどうしますか？	85
すでに手伝っていただいております。	111
ストレートパーマをお願いします。	80
スノーボードにはまっています。	190
スパムメールはどのように阻止すればよいですか？	74
すべてスケジュール通りです。	253
すべての商品を無料で配達致しております。	119
スポーツジムに通っているのですか？	189
スポーツをするのは苦手ですが、見るのは大好きです。	186
スミスさんのお宅ですか？	193
すみません。	11、294
すみません、お宅の息子さんが私の席を蹴っています。	134
すみません、お名前が聞き取れませんでした。	209
すみません、御社の社名が聞き取れませんでした。	209
すみませんが、お皿を下げてもらえますか？	89
すみませんが、お話がよくわからないのですが。	205
すみません、かけ間違えました。	205
すみませんが、今日の会議はキャンセルさせてください。	213
すみませんが、席を変わっていただけませんか？	132
すみませんが、どなたへおかけでしょうか？	197
すみませんが、電話でのセールスは一切お断りします。	205
すみませんが、バス乗り場はどこですか？	160
すみませんが、無理なんです。	70
すみません、聞き取れませんでした。	209
すみません、ここは私の席のようですが。	132
すみません、これは注文していませんが。	91
すみません、書店はどこですか？	107
すみません、名刺を切らしておりまして。	223
すみません、レジに誰も	

おられないのですが。	117

せ

性格の不一致というやつです。	269
生年月日は 1985 年 11 月 8 日です。	157
咳が止まりません。	275
責任者と話をさせてください。	299
責任を取ってください。	299
席は空いていますか?	100
セクハラに遭いました。	265
絶望的です。	296
背の高い人がいいです。	261
是非いらしてください。	211
僭越ながら、私はそうは思いません。	254
先月夫婦でサイパンに行きました。	56
専攻は何でしたか?	28
専攻は何ですか?	65
先日はどうもありがとうございました。	257
先生は何と言っておられましたか?	279
ぜんそくが起きました。	275
洗濯が終わったわ。	45
洗濯洗剤はどこ?	45
洗濯物がたくさんあるわ。	45
洗濯物がたまっているわ。	45
洗濯物はいつ仕上がりますか?	153
洗濯物をお願いしたいのですが。	153
洗濯物をたたんでね。	46
洗濯物を乾燥器に入れてちょうだい。	46
洗濯物を取り込んでね。	46
洗濯をしなくちゃ。	45
全員いるようでしたら、始めましょうか?	241
全員揃ったようですね。	241
全身が写るようにお願いします。	174
1965 年生まれです。	23
全人口の約 1 パーセントです。	316
全然聞こえなかったよ。	39
全体的に短くしてもらえますか?	79
全体をそろえるくらいに切ってください。	79
1982 年のことです。	28
全部で 47 あります。	312

そ

そう言ってもらえて嬉しいです。	16
掃除機はどこ?	47
そうですか、分かりました。	213
そうなんですか?	69
そう落ち込まないでください。	264
そこが痛いです。	285
そこのお店でお土産を見ましょう。	172
そこは歩いて行ける距離でしょうか?	170
そこは歩くには遠すぎますか?	170
そこはここから近いですか?	170
そこへ行くのにこの道であっていますか?	169
そこまでどのくらいの時間がかかりますか?	170
そこまでどのくらい時間がかかるの?	50
そちらの電話番号は 866-3329 ですか?	205
そちらもお撮りしましょうか?	174
卒業後はどうする予定ですか?	66
卒業式はいつですか?	65
外に出てキャッチボールでもしませんか?	189
その音楽ファイルは無料でダウンロードできます。	74
その価格であれば納得できます。	248
その型の在庫状況を調べてみます。	231
その型は生産中止になりました。	231
その結果に満足していますか。	291
そのことで悲しまないでください。	264
そのままお待ちいただけますか?	201
その住所を教えてください。	140
その知らせを聞いてほっとしました。	293
その彫刻は見事ですね。	179
その調子でがんばってください。	292

その通りですね。	69
その点では、日本はいまだに発展途上国と言えるでしょう。	314
その点はあなたに賛成です。	243
その値段なら掘り出し物ですね。	112
そのような名前の者はこちらにはおりませんが。	204
そばはそば粉から、うどんは小麦粉からできています。	310
ソフトドリンクはおかわり自由ですよね?	91
空には雲一つない晴天です。	60
送料を教えていただけますか?	78
それ以外に、約7千の小さな島があります。	313
それが私の見方です。	256
それだけですか?	69
それではお先に失礼します。	234
それではお待ちしております。	83
それでは、これをお願いします。	114
それでは、最初の議題から始めましょう。	242
それでは18日で結構です。	208
それでは、第2の議題に入ります。	245
それでは、ツアーに参加しましょう。	171
それでは本題に入りましょうか?	247
それでは木曜日にお伺いします。	208
それでピンときました。	69
それでも返品できますよ。	118
それとこれとは話が別です。	243
それなら携帯に電話くらいしてよ。	21
それについてはもう一度考えさせてください。	239
それについてもっと詳しく説明していただけますか?	244
それには何がつきますか?	85
それに保険をかけたいと思います。	78
それは油絵ですか、それとも水彩画ですか?	179
それは安全で確実な場所に保管してください。	237
それはいいですね。	95
それはウールです。	109
それはガイド付きツアーですか?	172
それは感動的な眺めでした。	290
それは今日中に終わりますか?	249
それはシルクです。	109
それはすべて私のせいです。	295
それはどういう意味でしょうか?	211
それは何州にありますか?	28
それは返品のきかない商品です。	118
それは本当に感動的な体験でした。	290
それは、満開の桜を見に行くことです。	314
それは綿です。	109
それも預けるのですか?	127
それらに裏書きをお願いします。	76
それらは必ずシュレッダーにかけてください。	237
それを終えるのにあとどのくらいかかりますか?	253
それを聞いて安心しました。	293
それを聞いて本当に嬉しいです。	289
それを掲示板に貼り出してください。	238
それをプレゼント用に包装していただけますか?	117
それをレンジでチンして。	42
そろそろ帰らなければいけません。	55
そろそろ携帯のバッテリーが切れそうです。	219
そろそろ失礼します。	280
そろそろ搭乗開始でしょうか?	130
そろそろ寝る時間だよ。	41
そろそろ寝るよ。	41
そんなうまい話はあり得ません。	70
そんなお気遣いいただかなくてもよかったのに。	52
そんなことあり得ません。	298

そんなに時間はかかりません。	27

た

退院はいつごろですか?	280
ダイエット・コークをお願いします。	86
体温計はありますか?	282
体温を測ってみましょう。	273
大学合格おめでとうございます。	289
大学生ですか?	65
滞在期間はどれくらいですか?	140
退社の時間なので、また明日お電話いただけますか?	216
大丈夫ですよ。	20
大丈夫ですよ、どうぞ。	195
大丈夫よ。	42
大丈夫よ、一人でできるから。	44
大体6月中旬から7月中旬です。	314
体調が悪いです。	272
たいていは読書をしたり、音楽を聞いたりしています。	29
だいぶ良くなりました。	279
台風が近づいています。	61
大量注文すれば割引になりますか?	247
大和製薬の佐々木タカシと申します。	224
ダウンタウンにあるABC Hotelです。	140
ダウンタウンにあるスター・ホテルへ行ってください。	145
ダウンタウンまでの料金はどれくらいですか?	144
高橋の後任として参りました。	225
だから言ったでしょ。	70
だからどうだって言うんだ?	299
たくさん買いましたね。	123
タクシーで行くのがいいでしょう。	144
タクシー乗り場はどこですか?	163
タクシーはどこで拾えますか?	163
タクシーを呼んでいただけますか?	163

ただいま。	68
ただ今満席でございます。	100
ただの風邪です。	277
ただの便秘です。	277
タップダンスをしようと思っています。	190
田中さんからお電話です。	198
田中さんから2番にお電話です。	198
楽しんで来てね。	64
試しにやってみるべきです。	70
誰からの電話ですか?	198
誰が会議の進行役を務めますか?	240
短期留学です。	139
誕生日はいつですか?	23

ち

小さな荷物は座席の下に置いてもいいですよ。	133
チーズバーガーとフライドポテトをください。	103
チェックアウトは何時ですか?	146
チェックアウトをお願いします。	148
チェックインは何時からですか?	146
チェックインをお願いします。	146
近くにゴルフ場はありますか?	177
チキンとビーフのどちらがよろしいですか?	136
チケット売り場は入り口にあります。	180
チケットはどこで購入できますか?	180
遅刻だぞ!。	234
父の日、おめでとう。	302
父の日にも何かをプレゼントしますか?	304
チャイナドレスをオーダーメイドしたいのですが。	115
ちっとも変わってませんね。	15
着払いで発送していただけますか?	232
チャンネルを変えてもいい?	71
注文が決まりました。	84

注文し過ぎました。	89
注文したものがまだ来ません。	90
注文したものがまだ届きません。	232
注文したものと違うものが届きました。	233
注文した料理はどうなっているのですか?	90
注文状況をすぐに確認致します。	233
注文をお願いしたいのですが。	230
注文をお願いできますか?	84
調子はどうですか?	10
中サイズをお願いします。	104
朝食のレストランは何階ですか?	150
朝食は朝7時から9時30分までです。	150
朝食は何階ですか?	150
朝食は何時からですか?	149
朝食はバイキング形式になっています。	150
ちょうど通りの向かいにあります。	163
調味料のコーナーはどこですか?	122
ちょっとお願いしてもよろしいですか?	235
ちょっと買い物をしています。	18
ちょっと考えさせてください。	266
ちょっとご相談したいことがあるのですが。	195
ちょっと疲れました。	300
ちょっと詰めていただけますか?	162
ちょっと手伝っていただけますか?	236
ちょっと何か食べましょう。	102
ちょっと太りました。	16
ちょっと見ているだけです。	109
ちょっと痩せました。	16
ちょっとよろしいでしょうか?	243
鎮痛剤を処方します。	276

つ

ツアーのパンフレットをもらえますか?	171
ツアーは何時からですか?	171
追加の注文をお願いします。	90
つい昨日「レフトビハインド」を見たばかりです。	56
遂に9回の裏になりました。	187
通勤はいかがですか?	27
通勤は悩みの種です。	27
通路側の席をお願いします。	127
付き合ってくれませんか?	264
次の会議はいつになりますか?	246
次の会議は5月27日に開きます。	246
次の議題に進みましょう。	245
次のシカゴ行きのバスは何時ですか?	160
次の電車は何時発ですか?	160
次のバスは何時発ですか?	160
都合の良い日程を確認してから、ご連絡を差し上げます。	208
つづりを教えていただけますか?	157
つまりこういうことです。	255
梅雨に入りましたね。	60
梅雨の時期はいつですか?	314

て

定期的にソフトをアップグレードするといいですよ。	74
テーブルの上にあるものは何でも遠慮なく召し上がってください。	54
テーブルを片付けて。	44
テーブルを元の位置にお戻しください。	133
できることはさせていただきます。	249
できるだけ早く彼女に連絡を取りたいのですが。	214
できるだけ早く彼からのお電話をお願いします。	214
デザートを注文したいのですが。	90
デスクトップとラップトップのどちらの購入を考えていますか?	72
テニス部に入っています。	65
手荷物はどこで受け取るのでしょうか?	141
では、そうしましょう。	211
では、そうしましょう。	245

手ぶらで来てください。	51
手短にお願いします。	243
デルタ航空の924便です。	141
テレビがつかないのですが。	151
手を洗ってきなさい。	43
手を貸してくれる?	45
天気がいいので、どこかに出かけよう。	49
電器店はどこですか?	108
天気予報が当たりましたね。	61
天気予報では今日は雪が降ると言っていました。	61
天気予報は何と言ってましたか?	61
伝言をお願いできますか?	201
伝言をお預かりしましょうか?	202
電車が遅れたのです。	21
電車の切符はどこに売っていますか?	159
電車を乗り過ごしたのです。	21
転職なさったそうですね。	18
点滴をしましょう。	278
添付ファイルが開けません。	73
電話が遠いようです。	209
電話が鳴っていますよ。	217
電話帳を見せていただけますか?	218
電話に出てくれる?	217
電話に出られなくてすみませんでした。	218
電話をお借りしてもよろしいですか?	217
電話をくださるよう彼に伝えてくださいますか?	203

と

ドアに鍵をかけ忘れないように。	50
トイレが空いたわよ。	40
トイレに誰か入ってる?	40
トイレの水が流れないのですが。	151
トイレを流し忘れたのは誰?	40
どういたしまして。	11
どういったものをお探しですか?	109

どうかお赦しください。	295
東京にはどれくらい住んでいるのですか?	26
東京の次に大きい都市はどこですか?	312
東京の次には、横浜、大阪となります。	312
東京本社からこちらに異動となりました。	224
どうされましたか?	273
どうして起こしてくれなかったの?	39
どうしてくれるんですか?	299
どうしてこうなったのか説明してください。	299
どうしてこんなに時間がかかるのですか?	91
どうしてました?	14
どうして離婚したんですか?	269
搭乗手続きはどちらですか?	126
搭乗手続きは何時からですか?	126
搭乗手続きは2時半からです。	126
搭乗は何時からですか?	128
搭乗は4時20分からです。	128
どうすればよいでしょうか?	265
同窓会に行くたびに昔のことを思い出します。	98
同窓会に参加しますか?	97
どうぞおかけください。	52
どうぞおかまいなく。	53
どうぞお大事に。	280
どうぞおつりです。	123
どうぞこちらへ。	223
どうぞご覧になってください。	228
どうぞ自由に召し上がってください。	54
どうぞ末永くお幸せに。	267
どうぞ召し上がってください。	53
どうでもいいじゃないか。	299
どうなっているか見てきます。	91
どうなるか見てみましょう。	188
盗難届を出したいのですが。	176
どうもありがとうございます。	52

どうも、これはチップです。	148
どうやってダウンタウンに行けばよいですか？	144
ときどきプロ野球を見に行きます。	186
得意なことはありますか？	30
得意なことは何ですか？	30
得意料理は何ですか？	30
特に何もないよ。	68
特別配達で送っていただけますか？	232
独立記念日といえば花火ですね。	305
独立記念日はいつですか？	304
どこがいいですか？	102
どこかでお会いしたと思います。	13
どこが間違っておりますでしょうか？	94
どこからかけているのですか？	216
どこから来ましたか？	139
どこで観光地図をもらえますか？	168
どこでパソコンを買うとよいでしょうか？	72
どことどこの試合ですか？	187
どこにお出かけですか？	19
どこに滞在しますか？	140
どこのパソコンがおすすめですか？	72
どこまで話しましたか？	217
戸締まりをして。	49
どちらさまでしょうか？	197
どちらさまですか？	192
どちらにおかけでしょうか？	204
どちらにお勤めですか？	35
どちらの国の方ですか？	25
どちらの方向に行けばよいでしょうか？	170
どちらまで？	145、163
突然お電話して申し訳ありません。	197
とてもいい湯だった。	41
とてもおいしいよ。	43
とても気持ちがいいです。	286
とてもきれいな所ですね。	24
とてもすばらしいです。	291
とても楽しみにしています。	98
とても蒸し暑いですね。	19
届いた商品が破損していました。	233
届いた商品は欠陥品でした。	233
どなたかに来てもらって、部屋を開けていただけますか？	152
どの色にしましょうか？	80
どのくらい時間がかかりますか？	80
どのサイズにしますか？	104
どのスポーツが好きですか？	186
どの選手が好きですか？	186
どの電車がダウンタウンに行きますか？	144
どのバスがダウンタウンに行きますか？	144
どのようなご用件でしょうか？	197
どのようにカットしましょうか？	79
どのようにしましょうか？	79
どのように両替しますか？	183
友達の家です。	140
友達を訪問するためです。	139
友達を待っています。	18
トラベラーズチェックで支払います。	149
トラベラーズチェックは使えますか？	149
トラベラーズチェックを現金化したいのですが。	183
トランクから私のスーツケースを降ろしてもらえますか？	146
トランクを開けてください。	144
ドリーム劇場への道を教えていただけますか？	169
どれくらい入れればいいの？	45
どれに交換されたいのですか？	119
ど忘れしました。	70
どんな歌が好きですか？	96
どんな映画が好きですか？	179
どんな音楽を聞きますか？	30
どんな家族構成ですか？	31

項目	ページ
どんなご用件ですか？	195
どんな種類のお荷物ですか？	142
どんな種類のドレッシングがありますか？	86
どんな症状がありますか？	273
どんなデザートがよろしいですか？	90
どんな内容ですか？	179
どんな人と結婚したいですか？	261
どんな用件か教えてもらえますか？	195
どんな料理でお祝いをするのですか？	306
どんなワインがありますか？	95

な

項目	ページ
内線 482 をお願いします。	195
長い一日でしたね。	235
なかなかうまくいきません。	17
中に髪の毛が入っているのですが。	91
中味は何ですか？	78
なぜ日本の家はそんなに小さいのですか？	315
なぜ前の会社を退職しましたか？	252
納豆が嫌いです。	310
夏休みはいつから始まりますか？	64
何色ですか？	142
何かあれば、遠慮なく言ってください。	257
何が言いたいんですか？	298
何が一番おすすめですか？	84
何かお探しでしょうか？	108
何かお飲み物はいかがですか？	103、136
何か楽器を演奏しますか？	30
何か買ってきましょうか？	121
何か変わりはない？	68
何か趣味をお持ちですか？	29
何か食べたいものはありますか？	280
何か手伝おうか？	42
何か特に気をつけることはありますか？	277
何か飲みますか？	52
何かほかにお手伝いすることある？	42
何か持って行きましょうか？	51
何か分かり次第ご連絡致します。	176
何対何ですか？	187
何ですか？	236
何でもいいですよ。	53
何とお呼びすればよろしいですか？	22
何になさいますか？	101、103
何のクラブに入っていますか？	64
何も持って来なくてもよかったのに。	52
何よりもやっぱり家族ですね。	25
何をしたらいい？	44
何を盗まれましたか？	176
何を勉強しましたか？	28
名前は山下ケンジです。	157
並んでいらっしゃいますか？	117
なるほど。	69
何回かに分けて洗濯しなければいけないわ。	45
何時がご都合よろしいですか？	207
何時にいたしますか？	82
何時に開館しますか？	178
何時に出かけようか？	49
何時に閉館しますか？	178
なんでこんなに遅れたの？	21
なんとお礼を言えばよいのか分かりません。	288
なんとフォアボールですか？	187
何年生ですか？	65
何年生まれですか？	23
何番ゲートですか？	128
何名様でしょうか？	82
何両目でしたか？	175

に

項目	ページ
2 月 20 日です。	23
2、3 日以内には配達できますが。	120
2 時 20 分発の列車をご希望ですか？	159

2時の会議は2時半に変更になりました。	237
2時まで荷物を預かっていただけますか?	152
20ドルくらいです。	144
20ドル札3枚と10ドル札2枚と残りを1ドル札でお願いします。	183
25ドルです。	145
2千ドルを日本に送金したいのですが。	77
日程が決まりましたら、ご連絡ください。	208
二度とないように気をつけます。	234
2番にお電話です。	198
2番目の交差点を左へ曲がってください。	169
日本円を両替できますか?	181
日本から来ました。	139
日本から来られたのですか?	25
日本語のガイドはいくらかかりますか?	173
日本語のガイドは1時間20ドルです。	173
日本語の新聞はありますか?	133
日本語の話せるガイドはいますか?	173
日本酒は好きですか?	95
日本人の平均寿命は何歳ですか?	315
日本人はタバコのマナーが悪いです。	314
日本人はよく海外旅行をしますか?	315
日本大使館にも連絡しておいてください。	176
日本では学校はいつ始まりますか?	313
日本ではチップを渡しますか?	315
日本では会社の新年度も4月です。	313
日本では食品はとても高いです。	123
日本で最も人気のあるスポーツは何ですか?	316
日本に国際電話をかけたいのですが。	152
日本にはいくつの島がありますか?	313
日本にはいくつの都道府県がありますか?	312
日本にはキリスト教徒がどのくらいいますか?	316
日本には大学がいくつありますか?	315
日本にはどのくらいの温泉がありますか?	308
日本には約1万3千の温泉があります。	308
日本には約1100の大学があります。	316
日本の大きさはどれくらいですか?	312
日本の国技は何ですか?	316
日本の人口はどのくらいですか?	314
日本は地震が多いですか?	313
日本は初めてですか?	308
日本は北海道、本州、四国、九州の主要4島から成ります。	313
日本へコレクトコールをしたいのです。	153
日本へはどのくらいで着きますか?	77
日本料理のレストランはありますか?	150
日本料理は何が好きですか?	309
日本を旅行するときには電車とバスが便利です。	309
荷物はいくつお預けになりますか?	127
荷物はいくつまで持ち込みできますか?	128
荷物は頭上の棚の中にお入れください。	132
荷物は2つまで持ち込みができます。	128
荷物をこちらに置いてください。	127
荷物を拝見させていただきます。	129
入国カードと税関申告書が必要な方はいらっしゃいますか?	135
入国目的は何ですか?	139
乳製品のコーナーはどこですか?	122

ね

熱があって喉が痛みます。	273
熱はまだありますか?	279
念のため、傘を持っていった方がいいですよ。	61
年齢よりずっと若く見えますね。	24

の

ノートパソコンやデジカメなどは トレイに入れてください。	129
後ほど折り返し電話します。	196
後ほどまたかけます。	200
後ほどもう一度かけ直します。	202
のどまで出かかっているんだけど。	70
飲みに行きましょう。	95
飲み物はおかわり自由です。	104

は

場合によりけりですが。	236
パーク通りにあるのが、たぶんここから 一番近いでしょう。	282
パーマをお願いします。	80
肺炎かもしれないので、 レントゲンを撮ります。	278
はい、彼氏からチョコレートと バラの花束をもらいました。	303
はい、5年も前のことですが。	25
はい、最上階にあります。	150
はい、下げてください。	137
歯科医です。	35
はい、それです!	142
配達先はどちらですか?	120
配達は致しておりません。	119
はいどうぞ。	127、139
はい、ときには。	26
はい、日本は地震の多い国です。	313
配布資料の3ページの グラフを見てください。	245
配布資料を回していただけますか?	241
はい、まだ少しございます。	231
はい、予約してあります。	146
はかりの上に置いてください。	78
吐き気がします。	274
はじめまして。	12
バスが来ましたよ。	161

パスポートでもいいですか?	182
パスポートと航空券を 見せていただけますか。	126
パスポートと搭乗券を見せてください。	131
パスポートと入国カードを 見せていただけますか?	139
パスポートをなくしてしまいました。	174
パスポートを盗まれました。	176
パソコンの調子が悪いです。	74
8月25日をもって退職 することになりました。	225
8番ゲートから出発します。	128
8番ゲートはどこですか?	130
話し中です。	217
話になりません。	298
話の途中ですが、これで失礼します。	216
「花見」って何ですか?	313
鼻水が止まりません。	275
母の日、おめでとう。	302
母の日には何をしますか?	304
母は専業主婦です。	31
歯磨き粉はどこ?	39
刃物類をお持ちでしょうか?	129
早く朝ご飯を食べなさい。	39
早く着替えなさい。	40
早く支度をして。	49
早くトイレから出てよ。	40
早く良くなってくださいね。	279
早ければ早いほど良いです。	256
針治療が効くかもしれません。	285
バレンタインデーおめでとう。	302
バレンタインデーに何か もらいましたか?	303
ハロウィーン・パーティーに 行くつもりですか?	305
歯を磨きなさい。	39
番号は合っていますが、	

こちらではありません。	204
晩ご飯は何？	42
バンドエイドはありますか？	282
パンとサラダがつきます。	85
ハンドバッグをなくしてしまいました。	175
ハンバーガーショップはどうですか？	102
販売部のウエスト部長を紹介致します。	246
半分持ちしょうか？	123
パンを一斤とミルクを2パックお願いします。	121

ひ

SP 型の在庫は現在ございません。	231
SP 型は、現在在庫がありますか？	231
SP 型を 2000 個お願いします。	231
PK 戦がこれから始まります。	188
ピーター・クックと言います。	22
ピーターでいいですよ。	22
ビーチに行こうよ。	48
ビーフをお願いします。	136
ビールをいただけますか？	86
飛行機の便名は何ですか？	141
飛行機は予定通り到着しますか？	135
ピクニックに行こうよ。	48
ピザの小をお願いします。	90
久しぶりですね。	13
久しぶりに映画でも見に行かない？	48
引っ越しされたと聞きましたが。	18
必要なものは全部持ってる？	49
ビデオカメラを電車の中に忘れてしまいました。	175
1つ上のサイズがよいと思います。	110
人によっていろいろです。	304
一晩考えさせてください。	70
ひとまず失礼しますが、また後でかけ直させてください。	216
一人で住んでいるのですか？	32

暇なときは何をしていますか？	29
100 ドル以下の予算におさえたいと思っています。	112
101 度の熱がありますね。	274
病院に連れて行ってくださいますか？	272
病院の食事はどうですか？	280
費用に保険料は含まれていますか？	172
病名は何でしょうか？	277

ふ

ファックスで会議の議事日程をお送りします。	240
不案内なもので、分かりません。	168
フィリピンです。	25
フォークが床に落ちてしまいました。	92
ふきんか何かを持ってきていただけますか？	92
腹痛がひどいんです。	273
服用後、眠気を催すかもしれません。	283
藤井セイ子から電話があったとお伝えください。	201
富士山に登ったことはありますか？	309
富士山は日本一高い山です。	309
婦人服はどちらですか？	107
2人います。男の子と女の子です。	32
部長が帰りましたら、メッセージをお伝えします。	215
普通預金口座ですか、それとも当座預金口座ですか？	76
フルーツはいかが？	44
プレー料金はどのくらいですか？	177
フロントの右隣です。	150

へ

ヘアドライヤーで髪を乾かしなさい。	40
弊社には約 24,000 人の従業員がいます。	227
弊社のカタログをお送り致します。	229

弊社の工場を近々見学されませんか？	229
弊社の詳細についてはこのパンフレットに書いてあります。	227
弊社の新商品について説明させてください。	224
弊社の新商品の見本を持って参りました。	224
弊社の製品にきっと満足いただけることと思います。	228
弊社のホームページをご覧ください。	228
弊社の製品は他社の類似製品よりもお安くなっております。	229
弊社はIT業界のパイオニアです。	227
弊社は医療機器の製造を行っています。	226
弊社は急成長している創業40年の証券会社です。	226
弊社は携帯電話の組み立てをしています。	226
弊社は500人の社員を持つ不動産会社です。	227
弊社はコンピュータソフトを製作しています。	226
弊社はシカゴに本拠を置く大手保険会社です。	226
弊社は世界で最大級の自動車メーカーです。	226
弊社は創業80年以上です。	227
弊社は中規模の製紙会社です。	226
弊社を希望する動機を教えてください。	250
別の電話が入ってきました。	215
別に構いません。	70
部屋が汚いわね。	46
部屋がきれいになったわね。	47
部屋を片付けなさい。	46
部屋のご要望はありますか？	147
部屋が散らかっているわよ。	46
勉強する時間ですよ。	63
勉強の調子はどうですか？	64
弁護士です。	35

ほ

報告書はできましたか？	249
宝石店はどこですか？	107
ホームページに数枚の写真をアップロードしました。	75
ホームページの更新をしました。	72
ホームページを開設しました。	72
ボーリング場はどこにありますか？	189
他にご注文はありますか？	87、101
他に誰が出ていますか？	179
他に何かご意見やご提案はありますか？	242
ポカポカで気持ちいいですね。	60
僕と結婚してくれる？	266
僕は必ず君を幸せにします。	266
補助椅子はありますか？	92
ボストン行きの電車の切符を1枚くださいますか？	159
ボストン行きの電車は何番線から出ますか？	161
ボストンへ行くのはこの電車でよいのですか？	161
ボストンまであと何駅ですか？	162
ホテルに引き返してもらえますか？忘れ物をしたのです。	165
ホテルまでどのくらい距離がありますか？	145
ホテルまでどのくらい時間がかかりますか？	145
本日の会議の目的は現在進行中のプロジェクトについて話し合うことです。	241
本日来てくださって本当に嬉しいです。	289
本日は竹田さんが議事録を取ってくださいます。	242
本日は何個ご注文されますか？	230
本題から逸れないようにお願いします。	243
本題に戻りましょう。	243

本当にありがとうございました。	142
本当にありがとうございます。	288
本当に嬉しいです。	289
本当にお似合いですよ。	267
本当に腹が立ちました。	297
本当に申し訳ございません。	294
本当によかったですね。	266
ほんの10分くらいです。	20

ま

まあまあですね。	14
まあまあの味です。	88
毎年多くの人が海外旅行をします。	315
前髪はもう少し短くお願いします。	79
前の仕事では具体的に何をしていましたか?	251
枕をいただけますか?	134
待たせてたら、ごめんなさい。	20
待ち遠しいです。	98
待ち時間はどのくらいですか?	100
窓をきれいに拭きなさい。	47
窓側の席をお願いします。	127
マスクをしたり、うがいをするといいですよ。	278
まずは、どこに行きましょうか?	106
ますますきれいになりましたね。	16
まず最初に、本日のゲストのテイラーさんをご紹介致します。	241
まず生地をお選びください。	115
またお会いできて本当に嬉しいです。	290
またこちらからお電話致します。	215
またこれなの?	43
またのお越しをお待ちしております。	149
またのご注文をお待ちしております。	232
まだメールのチェックをしていません。	73
まだ結婚したくありません。	266
また後で。	234
また今後誘ってもらえますか?	71
また次の機会でよろしいでしょうか?	213
また切れてしまいました。	219
また電話しますとお伝えください。	203
また別のときでよろしいでしょうか?	213
まだ眠いよ。	39
また明日。	235
また明日お電話致します。	215
マッサージをしてもらってはいかがですか?	285
まっすぐ3ブロック行って、次の角を右へ曲がってください。	169
まぶしいほどの良い天気です。	60
まもなく搭乗を開始致します。	130
万事順調にいきますように。	292
マンションに住んでいます。	26

み

未使用であれば、返品可能です。	118
湖をバックに撮ってください。	174
水がこぼれてしまいました。	92
水を十分に飲んでください。	276
店の奥にございます。	108
道に迷っておられるんですか?	170
道に迷ってしまいました。	170
ミディアムにしてください。	85
3日間くらいです。	274
見つけたらすぐにお知らせします。	176
見積書を修正してからすぐにお送りします。	248
皆さん、配布資料をお持ちでしょうか?	241
皆さんのご意見をお聞きしたいのですが。	243
皆様、ありがとうございました。	246
皆様全員が会議に出席してくださいますよう。	240
ミネソタ州のセントポールです。	24

身分証明書をお持ちですか?	182
明後日はいかがでしょうか?	207
ミラー部長、お電話です。	198
ミラー部長におつなぎします。	199
ミルクだけください。	137
ミルクと砂糖はいかがですか?	136
みんな出かける用意ができているよ。	49

む

息子はもう大学生です。	33
娘さんは何年生ですか?	33
胸がドキドキします。	294
無理しないでね。	11
無料の観光地図はありますか?	168
無料の道路地図はありますか?	168

め

名刺を1枚いただけますか?	223
メーターが回っていませんが。	164
メールにファイルを添付しておきました。	73
メールの返事が遅れてすみません。	73
メールを送りましたので、ご確認をお願いします。	239
メールを送ったのですが、届いていますか?	73
目薬はありますか?	282
目覚まし時計は鳴ったの?	39
目覚まし時計をセットしたの?	41
目立つ特徴は何かありますか?	142
メッセージは社長に申し伝えます。	215
メニューをどうぞ。	83
メニューをもう一度見せていただけますか?	89
メリー・クリスマス!	302
面会の約束を2時に変更は可能でしょうか?	208
免税店はどこにありますか?	129
免税品はいかがですか?	134

も

もうあまり時間がありません。	59
もういいですよ。	295
もう行かなければいけません。	216
もう一度言っていただけますか?	209
もう一度お名前を伺えますか?	22
もう一度説明していただけますか?	210
もう1枚お願いします。	174
もううんざりです。	298
もう起きたの?	38
もう起きる時間ですよ。	38
もう遅くなってきました。	54
もうくたくたです。	300
もうこんな時間だ!	41
もう3年近くたちますよ。	14
もう社内回覧は見ましたか?	238
申し訳ありませんが、今はございません。	107
申し訳ありませんが、私は同意できません。	244
申し訳ありませんが、本日は満室です。	148
もうすぐクリスマスですね。	306
もうすぐよ。	42
もうすぐ着きそう?	50
もう少し大きな声で話していただけますか?	210
もう少しコーヒーをいただけますか?	92
もう少し時間がかかりそうです。	249
もう少し時間をください。	84
もう少しで着きますよ。	50
もう少し安いのを見せてもらえますか?	113
もう少し寝たいよ。	38
もう少しゆっくりお願いします。	286
もう少しゆっくり話していただけますか?	210
もうテレビを消しなさい。	63

もう電気を消しなさい。	42
もう電話を切らなければなりません。	216
もう 2 アウト満塁です。	187
毛布をいただけますか？	133
毛布をもう一枚いただけますか？	134
もう水に流しましょう。	295
もう忘れてください。	295
モールで買い物はどう？	48
もしかしてベルさんじゃないですか？	17
もしもし。	192
もしもし、営業部です。	197
もしもし、こちらはジョンソン・コーポレーションです。	197
もしもし、こちらは 218 号室です。	153
もしもし、ベンさんはいらっしゃいますか？	192
もしもし、受付でございます。	197
もし御社に採用していただければ、光栄に存じます。	252
持ち帰りにしてもらえますか？	93
持ち帰り袋をいただけますか？	93
持ち帰ります。	103
もちろんです、そうしてください。	107
もちろんです、どうぞ。	223
もっとサイズの大きいものと交換して欲しいのです。	119
もっと安くしてもらえませんか？	248
物もらいができたようです。	275
モンタナ州とほぼ同じ大きさです。	312

や

野球かサッカーです。	316
約 1 億 2700 万人です。	314
約 3 週間です。	140
約 82 歳で、世界一です。	315
優しい人がいいです。	261
薬局はどこにありますか？	282
やっと新しい家を購入しました。	18
やっと意見がまとまり、とても嬉しく思います。	256
やっと梅雨が明けましたね。	61
夜分こんな時間にお電話してすみません。	196
やめさせてくださいますか？	134
やる気が出ません。	296

ゆ

遊園地に行きませんか？	178
有給休暇は年間何日ありますか？	250
夕食に行きませんか？	263
夕食を食べて行ってください。	53
友人からのメールを転送します。	73
友人を紹介します。	12
ユーロをお願いします。	77
床に掃除機をかけなさい。	47
指をナイフで切ってしまいました。	276
ゆっくりなさってください。	52
ゆるくパーマをかけてください。	80
赦していただけますか？	295

よ

よいうわさだけだったらよいのですが。	13
よく映画を見ています。	29
よくお似合いですよ。	114
よくがんばりました。	291
よく寝れた？	38
よく寝れたよ。	38
よくやったね。	291
4 時 50 分発シカゴ行きの切符をくださいますか？	161
4 時間おきに飲んでください。	283
予想通り、大雨になりました。	61
予定日はいつですか？	268
夜中に目が覚めて、トイレに行ったよ。	39
世の中狭いものです。	17

項目	ページ
予約いただいておりますか?	83
予約していないのですが、今晩空いている部屋はありますか?	147
予約しています。	83
予約していません。	83
予約の再確認は必要ですか?	156
予約の再確認をお願いします。	157
よりによってこんな所であなたに会うとは!	17
よりやりがいのある仕事に就きたかったからです。	252
喜んで。	50
喜んでお伺いします。	51
喜んで出席させて頂きます。	267
よろしくおねがいします。	261
42セント切手を3枚ください。	77
400以上の店舗が入っています。	106
4名です。	82

ら

項目	ページ
来月2週間の有給休暇を取る予定です。	250
来月よりCBT社に出向することになりました。	225
来週あたりに入荷の予定です。	112
来週から出社できます。	252
来週中にお目にかかりたいのですが、いつ頃がよろしいでしょうか?	206
来週には入荷する予定です。	231
来週に変更させていただけませんか?	207
来週の火曜日の午前中はいかがでしょうか?	207
来週の水曜日になります。	115
来週は同窓会ですね。	97
来週はとても忙しくなりそうです。	212
ラザニアをお願いします。	85
ランチに行ってきます。	234

り

項目	ページ
領収書をお願いします。	94、278
領収書をください。	145
両親と一緒に住んでいるのですか?	32
両親は共働きです。	31
両親、2人の姉と私です。	31
両替の金額を記入してください。	182
両替はどこでできますか?	150
両替をお願いします。	181
料金はいくらですか?	172
両方とも頂けますか?	135
料理はお口に合いますか?	88
旅行会社に頼むのが一番無難でしょう。	156
旅行保険に入っています。	278
リラックスして楽しんでください。	293

る

項目	ページ
ルームサービスで注文したいのですが。	153
ルールメイトと部屋をシェアしています。	65

れ

項目	ページ
レシートをお持ちですか?	118
レシートをどうぞ。ありがとうございました。	149
レジはどこですか?	117
レモネードを、氷抜きでお願いします。	90

ろ

項目	ページ
廊下の先にございます。	108
6月に出産の予定です。	268
6時半にセットしたよ。	41

わ

項目	ページ
ワールド社は商社でございます。	223
ワインにしましょうか?	95
ワインはグラスで注文できますか?	95
我が家にようこそ。	51
忘れ物をしないようにね。	49
私がテーブルを拭くわ。	45

私から電話があったことをお伝えいただけますか?	201
私宛てに伝言が届いていますか?	152
私が出ます。	217
私が食器洗い機に入れるわ。	44
私が洗い物をするわ。	44
私たち、結婚しましょうか?	266
私たちの共同事業が成功することを祈っています。	247
私たちの再会に乾杯。	99
私たちの友情に乾杯。	99
私たちはお見合いです。	263
私たちは高校の同級生です。	262
私たちは社内恋愛です。	262
私たちは先月結婚しました。	268
私たちは先月別れました。	264
私たちは大学で同じクラブでした。	262
私たちは友達の紹介で知り合いました。	262
私たちは幼なじみです。	262
私たちは来月結婚します。	267
私だったら、そんなことはしません。	255
私ですが。	192
私どもの社員の約20%が外国人です。	227
私どもは海外においても知名度が高いです。	227
私どもは海外に約70の支店があります。	227
私には兄と妹がいます。	32
私には少し小さ過ぎます。	110
私には特に趣味がありません。	30
私には彼がいます。	260
私には彼女がいます。	260
私に任せてください。	71
私のことを覚えていますか?ヒロコです。	17
私のせいです。	295
私の家は5人家族です。	31
私の荷物がなくなってしまいました。	141
私の荷物が見当たりません。	141
私の荷物が出てきません。	141
私の携帯に電話くださるように彼女にお伝えください。	203
私の最大の長所は、何にでも真面目に取り組む姿勢です。	251
私の時計は3分早いです。	58
私の時計は3分遅いです。	58
私の時計は少し進んでいます。	58
私の時計は少し遅れています。	58
私の時計は正確ではありません。	58
私の趣味はピアノとスキーです。	29
私の席はどこですか?	132
私の専攻は心理学でした。	28
私の誕生日はその次の日ですよ。	23
私の電話番号は823-1624です。	203
私の発言についてお詫びします。	295
私は1997年卒です。	98
私は2番目です。	32
私はあなたと同意見です。	243
私はあなたに一目惚れしました。	264
私はあなたに全く賛成です。	255
私はあなたに全く反対です。	255
私はあなたよりも3歳年上です。	23
私はイタリア料理が好きです。	89
私はすぐに酔ってしまいます。	96
私はぜんそく持ちです。	275
私はそこの営業部長をしております。	223
私はそちらのご都合に合わせます。	208
私はチェスが得意です。	30
私はデューク大学を出ました。	27
私はブラックが好きです。	101
私はまだ結婚していません。	34
私はミュージカルが好きです。	180
私はよく音程をはずします。	97
私はワールド社の佐藤トシオと申します。	223

私は一人っ子です。	32
私は一番上です。	32
私は音痴です。	97
私は歌が下手です。	97
私は結婚しています。	34
私は結婚していません。	260
私は好き嫌いが激しいです。	89
私は高学歴で高年収のイケメンがいいです。	261
私は昨年離婚しました。	269
私は自分の人生に満足しています。	291
私は社交的かつマメだと思います。	251
私は酒に弱いです。	96
私は食べ物にうるさいです。	89
私は新入社員の太田ヤヨイと申します。	224
私は生ビールにします。	95
私は生まれてこの方ずっと広島に住んでいます。	26
私は生まれも育ちも大阪です。	26
私は中華料理が好きです。	89
私は特に得意なことがありません。	30
私は独身です。	34
私は日本が大好きです。	308
私は入社したばかりです。	225
私は彼女に振られました。	264
私は方向音痴です。	170
私は本気ですよ。	299
私は末っ子です。	32
私は料理が得意です。	30
私もこの辺りは不案内なのです。	169
私も一緒です。	101
私も同じものをお願いします。	85
割り勘にしましょう。	94
ワンルーム・マンションに住んでいます。	27

■ **著者紹介**

宮野智靖(Tomoyasu Miyano)
　広島県出身。ペンシルベニア州立大学大学院スピーチ・コミュニケーション学科修士課程修了(M.A.)。TOEIC990点、英検1級、通訳案内業国家資格。現在、関西外国語大学短期大学部教授。
　主な著書に『ネイティブの英会話公式 BASIC84』『ネイティブ厳選 必ず使える英会話まる覚え』『ゼロからスタート ディクテーション』『ゼロからスタート シャドーイング』『TOEIC® TEST 英文法・語彙ベーシックマスター』『TOEIC® TEST PART5・6 1日5分集中レッスン』(以上、Jリサーチ出版)、『TOEIC®TEST 究極単語Basic2200』『新TOEIC®TEST 完全攻略模試』(以上、語研)、『はじめての新TOEIC®テスト 本番模試』(旺文社)、『TOEIC®TEST PART 5 文法・語彙問題だけで100点アップ』(アスク出版)がある。

ミゲル・E・コーティ(Miguel E. Corti)
　米国ニュージャージー州出身。ニュージャージー大学卒業。ECC外語学院テキストライターを経て、現在㈱カプコンに勤務(ゲーム・ローカライザー)。フリーランス翻訳者、ライター、英文校閲者としても活躍中。
　主な著書に『新TOEIC®TESTリスニング完全攻略』『新TOEIC®TESTリーディング完全攻略』『新TOEIC®TESTプレ受験600問』(以上、語研)、『TOEIC®Test in Context-Current English』『Key Reading for the TOEIC®TEST』(以上、マクミランランゲージハウス)がある。

カバーデザイン	滝デザイン事務所
本文デザイン+DTP	朝日メディアインターナショナル株式会社
イラスト	田中 斉
CD 録音・編集	財団法人　英語教育協議会(ELEC)
CD 制作	高速録音株式会社

すぐに使える英会話ミニフレーズ 2500
―――――――――――――――――――――――――――

	平成23年(2011年)7月10日	初版第1刷発行
著　　者	宮野智靖／ミゲル・E・コーティ	
発 行 人	福田富与	
発 行 所	有限会社　Jリサーチ出版	
	〒166-0002	
	東京都杉並区高円寺北2-29-14-705	
	電話　03-6808-8801(代)／FAX 03-5364-5310	
	編集部 03-6808-8806	
	URL：http://www.jresearch.co.jp	
印 刷 所	株式会社シナノパブリッシングプレス	

ISBN:978-4-86392-066-8　禁無断転載。なお、乱丁・落丁はお取り替えいたします。
© Tomoyasu Miyano, Miguel E. Corti 2011 All rights reserved.